人生問答集4

明るく楽しく生きましょう

谷口清超

日本教文社

はしがき

このような「人生問答集」は今回で四冊目だが、全て「練成道場」での〝質疑応答〟によるものだ。従ってその時どんな質問が出て来るか、予測する訳にはいかない。私は何でも知っている超人間ではないから、知らないことを聞かれると、その練成道場の総務さんに聞いたり、答えてもらうこともある。

さらに質問する人も、あらかじめ決まっていなくて、〝手を上げた人〟の中から、私が勝手に指名するのだ。その質問も、内容がよく分からないことが沢山あるから、何回もきいてみて「本当は何が知りたいのか」をさぐることもある。すると時間がかかるので対話が長引き、それを原稿に直すと、どうしてもどこかを省略して、要点をハッキリさせる必要が出てくる。この作業を、私の秘書さんがやってくれたので、今心から感謝する次第である。

そしてこの「質疑応答」は総本山での〝団体参拝練成会〟で行われることが多い。すると割合幹部の方々が多いから、一般の誌友さんが多い〝本部直轄練成道場〟での「質疑応答」と異なる種類の質問が出る。しかもこの後者の質問者が多くて、予定された一時間ではできないこともある。

さらに又本人にはなるべく詳しく聞きたいし、具体的な問題に言及するから、プライバシーのためにもＡＢＣ……というような匿名にしてある。私の回答も、不完全な内容であった場合は、それを補うために（　）の中でその時言い足りなかったことをつけ加えたが、これは最小限度にとどめた。

そこで本書も最初から一貫して読んで下さると、私の言わんとする「生長の家」の内容がおぼろげながら伝えられると思う。しかしまだ表現し切れない所が沢山あるから、この「質疑応答」は当分続けて行き、この「人生問答集」も、４巻で終りということはないだろうと思う。しかし私も八十一歳になり、今年中には八十二歳になるから、やがて私の肉体と共に終りになるにちがいない。

イエス・キリストはやがてこの世界が〝最後の審判〟で終りになると言われたらしいが、それは当時のユダヤ教の人たちの一般通念であって、イエスはこれを確認された訳ではない。もっともこの地球は太陽系の中の一惑星として、ある時期には消滅すると言われている。しかしそれは物質世界の一大変革であって、本当に実在する「生命」（いのちそのもの）がなくなるということではない。

死なないいのち、これこそ生命の実相であるということが分かると、肉体の死が訪れても、安心立命《りつめい》しておられることになる。それは丁度、人間がある時期「人生学校」に入学して、色々のことを学ぶようなものだ。そしてある期間がすぎさると、卒業していくだろう。そしてさらに次の「人生学校」に入学する。こうしていくらでもいのちは色々の現象の舞台で、その無限力、無限生命を表し出して行くものだということを知って頂きたい。

そこでこの「無限生命の実在」を「神の国」といったり「仏の世界」あるいは「極楽浄土」と言ったりする。イエスもこの「神の国」のことを、当時の庶民に根気よく伝えられたのであって、「人の子」は即ち「神の子」であることも教えられた。仏教でも人はみな「仏」であるとしてお祭りする。仏に寿命があったり、仏が死んだという話はない。

本書に「明るく楽しく生きましょう」という題がついているのも、以上のような次第であることを、御了解いただけると有難いのである。

平成十三年六月十七日

谷口清超しるす

明るく楽しく生きましょう——目次

人生問答集4

明るく楽しく生きましょう

人生問答集4

1　善行を積む

●私の描く絵を批判する母

I　（女）私は日本画を描いていて、今度二回目の個展をやるんですが、母が一枚一枚の絵について批判するんです。

清超　お母さんも絵描きさんなんですか？

I　普通の主婦です。母に批判されると、自分の持っている感覚が分からなくなって来るので、見せない様にしています。「感覚が鈍《にぶ》ってくるから言わないでくれ」と言ってからは、だいぶ言わなくはなったんですが、必ずひとこと言います。誉められてもけなされても、全部コンプレックスになっているような感じで、一回目の個展をやった時には、あまり言われすぎて一年くらい描けませんでした。やっと絵が出てくるようになって来て、今度の個展が出来ます。見せないようにして描いていても、個展の準備の時には全部見せなくてはならないんです。自分の感覚を混ざらせないようにしようと思っても、その辺がうまく出来ません。どうしたらいいでしょうか。

清超 すると、やはりお母さんに生長の家を知ってもらう必要があるが……

― 母は生長の家ではありません。

清超 だから伝えなきゃ良くならないですね。お母さんに伝える方が先じゃないでしょうか。一緒に生活しているんですか？

― そうです。

清超 あなたはご主人がいらっしゃるんですか？

― 独身です。

清超 お母さんと二人暮らし？

―　両親と妹の四人です。

清超　そうですか。まだお若いと思うが、そうして個展が出来る程になっておられるという事は、素晴らしいですね。だからお母さんにも生長の家をよく読んで頂くんですね。

―　いくら勧めても全然ダメなんです。

清超　ダメだと言ってあきらめたら、あなたに文句を言うのをやめろと言ってもやめないでしょうね。だから、そういう娘さんに対する考え方が変わっていかないといけませんから、その為にはあなたがお母さんに対する態度も変えていくということが必要ですね。訳の分からない母親であるという気持ちだと、向こうも娘の言う生長の家なんて聞くものかと思うようになる。相対的なものですから。

―　色々と言われても、生長の家では感謝しなさいと教わりましたが、感謝すると受ける事になってしまうんですよね。

清超　いや、感謝するという事は受ける事とは違うんですよ。例えば、ある人があなたにプロポーズをしたとするでしょう？　それを感謝するという事は受ける事じゃない。「あの人は私の為にこうして申し込んでくれた。ありがたいけれども、あの人と私は合わない」という訳で、感謝するという事は、言う通りになる事と違いますから、安心して、お母さんの言う事はちょっと調子外れである、ピント外れであると思って、それで日常生活の中では、「お母さんがこうしてくれたから私は今こんなに幸せである」とかという良い所を見つけて感謝して行くんですね。だから、あなたの専門の絵のところでは、別にお母さんの言う通りをしなければいけない事は何もありません。

I　感覚が鈍って来た感じになったら、どうしたらいいでしょうか。

清超　それは神想観をよくやって、聖典などをよく読んで、そして神様のインスピレーションを受けている自分であるという事を深く自覚する。行を深めていくとよろしいね。

●奥歯の内側を磨くと吐きそうになる

H（女）奥歯の内側を磨くと、どうしても吐きそうになるんです。歯医者さんは、何か強い薬を飲んでいると影響する事もあるように言います。私は鬱病《うつびょう》なんですが、鬱病の先生に聞いたら、そんな強い薬は使っていないから歯には関係ないと言うし、歯医者さんは鬱病の薬のせいだと言います。でも、以前薬をやめていた時にも少しなりました。それがこの頃はひどくて、毎日のようになるんです。内側が磨けないと虫歯になりますよね、やっぱり。

清超 それは、鬱病といっても程度によるけれどね、病院にかかっているんですか？

H はい。

清超 鬱病だといわれたの？

H はい。いろんなものが聞こえてきたり、幻聴、幻視があるんです。

清超 幻聴、幻視がね。『甘露の法雨』を読んでる？

H 読もうと思っても、いろんなものが聞こえてきて読めないんです。

清超 いや、聞こえてくるのは構わない、読みさえすればいいんですよ。聞こえてくるから読まないじゃいかんね。

H 一日一回くらいしか読めません。本当はもっと何回も読まなくてはならないと、分かってはいるんですが出来ないんです。

清超 しかしそれをやった方がいいですね。

H やっぱり『甘露の法雨』で浄めていって、それで良くなるしかないでしょうか？　あまり聞こえてくると、何も出来なくなって読めなくなってしまうんです。

清超　あのね、認めたらそれが強く現れるというか、感覚されてくる。聞こえてくるものは認めなくていいけれども、まあ聞こえてくるわね。だから良い言葉の方を何遍も強く言い、そして聞こえてくるのは聞こえてきてもいいからやるんですね。神想観するのでも、眠くなるから神想観をしないというんじゃなくて、眠くなってもいいから神想観をするのね。『甘露の法雨』もそうですよ。目を覚ましたらまたやればいいんですから。

H　どうもありがとうございました。

●七歳の娘が骨肉腫

F（男）平成八年の一月、当時七歳の娘が、足が痛いと泣くようになりましたので湿布をしておりましたが、あまりに良くならないので、病院で診てもらいました。そしたら、日本では年に百名くらいしか罹《かか》らないというような病気でした。

清超　何という病気ですか？

F　骨肉腫です。それが猛烈な勢いで進行しまして、とにかく一日中泣き叫びます。

清超　どの辺に出来ているんですか？

F　右足の膝から約十センチ上の方にかけてです。病気はナイと頭の中では理解してますが、娘の姿を見ていると信念ができなくて、医者の勧めで化学治療を半年うけて、原発であるその部分を切除しました。

清超　どういう治療をされたんでしょうか。

F　抗癌剤治療です。

清超　どこの病院でやられました？

F　三重大学医学部附属病院です。手術はその部分の骨を抜き、骨を一旦焼いて、もう一度その中へ入れるものでした。その上と下の部分を支える為に、チタン製の針金ボルトで止めてある状態です。筋肉も二本抜いてます。その後転移しているという事で化学治療を続けましたが、十二月には肺に転移しました。さらにそれが拡大して来て、もう薬では効かないという事が分かりましたので、医者の反対を押し切って四月七日に退院しました。そして十日から、妻と娘と共に宇治の一般練成会を十日間受けました。入院中も、十二月に再発が認められた時は、白血球が八百しかなかったんですが、宇治の練成を五日間受けました。練成から帰ってくると娘は、「私は神の子完全円満。うれしい、楽しい、ありがたい」をずっと繰り返しました。車の中でも「笑いの練習をやりましょう」と言ってやるようになり、非常に明るくなりましたので、化学治療をやめました。四月以降も練成を受ける事になってさらに良くはなっているんですが、月に一度のCTの結果は拡大していました。

清超　胸の方のがですね。

F　はい。

清超　どの辺にあるんですか？

F　両方にあります。数がどんどん増えて、今は九個、面積も広がっている状態です。医者も「これ以上何も出来ません」と言います。

そこで質問なんですが、「子供の病気は親の心の影、親の心が変われば病気は消える」とされておりますが、今後私達夫婦はどうしていけばいいでしょうか。それと病気が原因で手術をしましたが、その道を選択したのは私達夫婦です。現在は身障者となった訳ですので、その障害は親の責任を負わせられるという形で生きていく事になるのでしょうか。

清超　そうですか、お気の毒な状態ですね。それであなたと奥さんのどちらが先に生長の家をおやりになったんですか？

F　妻は小学校の頃の練成を受けてからずっとやっております。私は二十歳の時に入信して、青年会の教区委員長を二期、光実の議長を一期、現在は教化部事務局長を拝命しておりますし、本部員であります。

清超　それは素晴らしい家庭ですね。娘さんの他にお子さんは何人おられるんですか？

F　六年生の長男が一人と、病気の娘です。

清超　別に流産児はいないんですね。

F　ありません。

清超　そうですか。それは良いご家庭だ。良いご家庭にこういう不幸な肉腫、末期癌になられた方がおられる事はあり得るんですが、それは今この人生に生まれて来られてからの問題じゃなくて、やはり前世からの成績ですね。色々な人生の成績がここへも出て来る訳ですからね。三時業《さんじごう》といいまして、現世の業もあるが、過去世の業と未来世の業がある訳です。あなた方はこの世で良い事をなされたんですから、そして良い信仰を持っていらっしゃる訳ですから、その信仰を揺るがす事なく続けていかれる事が極めて大切ですね。そして「病気がナイ」というのは、病気が消えるという事と違うんですね。これは本来ナイという事なんですよ。だから病気というのはいろんな人に現れたり消えたりしていくが、それは本来ナイ、神様の世界には無いんだという事で、その無い事を自覚すると忽然として消えるという事でもないんですね。どんな姿が現れていてもそれは無いのであるという事ですね。本来ナイ、実相の世界にはそんなものは無い。しかし現象界には色々なストーリーが現れて来まして、前からの業といわれるストーリーの続きが出て来るんですね。それで現世に於《お》いて良い事をされたら、それは又積み重なって善果が出てくる。この現世で出てくるか、また未来世で出てくるか、未来には次生《じしょう》の業と後生《ごしょう》の業と出てきますから、どこで出てくるかは分からない。けれども良い事をして、あなたは光明化運動に素晴らしく努められた、奥さんもやられたという、そういう良い事は必ずよい結果が出て来るんです。

　まあそういう訳で、お嬢さんは今の状態だと、普通は一生涯をあなたと奥さんとが看取るという状態になる前にお亡くなりになるだろうと思う。それはこの方がそうなると断定する訳じゃないけれども、医学的に言うと、そのくらいになって来ると、自然にそうなって行く一つのコース、もう末期の方に入っていますからね。ただ娘さんが何歳まで生きられるか、それは分からないにしても、病院に入っていなければならないという事はないので、今のような状態でご家庭で楽な往生をされるか、或いは回復していくか、そのどちらかの道を辿って行った方がいいですね。ホスピスみたいな感じでね。普通の病院はとかく治そうとする訳ですから、治すためにはあらゆる手段を使いますから、薬でもどんどん入れていくという事になる。今、どこか痛がっていますか？

F　いいえ、何も痛がっておりません。

清超　それはとても素晴らしい事でね、癌の場合、痛くないというのは三分の一くらいあり得るんですけれども、そうではなく残りの痛い患者さんというのは多いんです。でもその場合にホスピスなんかでもやってくれますし、頼んだらやってくれる病院もあるだろうが、痛みを取るだけの治療をしてくれる。つまりこれはモルヒネ系の薬を注射するんですけどね。そうすると痛みが取れて、それと共に体力も衰えていきますから、割合安らかな往生が出来るんですね。あなたの場合は、とにかく神様に全托して、「神様のみ心の通りにして下さい」「私達も神様のみ心の如く生活させて頂きます。良い事はどんどんやっていきます」という心で、娘さんの「こうしてほしい」というような事を出来るだけ沢山叶《かな》えてあげて、治さなきゃならんとか、そういう思いはもうお捨てになって、神様に全部お任せになった方がよろしいですね。誌友の方などもご存じなんでしょう？

F　いいえ、あまり……

清超　あまり知らない……誌友の方や幹部の方がそれを援助して下さって、一緒に祈ってくれるというようなコースもありますが、そういうような実例もある。その方が気楽といえば気楽です。今まで立派な運動をして来ている方が、そういう事で子供さんを亡くしてしまうというのは極めて残念だが、そういうケースもいくらでもあるんでして、それは必ずしも特別変わった事でもない。当たり前の事なんですね。だいたい人間というのは、この肉体は一度は必ず死ぬんです。

どういう死に方をするかというのは、その死までのコースで決まって行くんですよ。だから悪い事をしながら死んだんじゃない。あなたの場合は良い事をして、子供さんがそういうふうな一つのコースを通って最後のお勤めをする。お父さんお母さんに何か教えて下さっている訳ですから、そういう事を謙虚に受けてね。ちょうど戦争中に若い男性が、特攻隊としてお国の為《ため》に突入して死んだというような場合と割合似ているんですよ。それは悪い事をしたというよりも、良い事をしようとしていらっしゃる一つの姿でして、その時その時、平和な時代とか戦争中とかで又違って来るんですね。娘さんの場合はお父さんお母さんの自覚の為に尽くすという使命のようですね。だから一生自分がそれを面倒見る、責任を持つという事ではなくて、そこから教えてもらうという事なんですね。そしたらこの方の一生は尊いものになって、あなたやその他の家族に引き継がれていく訳ですね。決して恐れる事も心配する事も何もないから、教えられているように『甘露の法雨』の読誦や神想観をなさって、今のあなたの仕事をどんどん続けて行って下さい。

F　はい。ありがとうございます。

（後記）Ｆさんは家に帰って娘さんに「何がやりたいか」と聞くと「学校に行きたい」と言い、平成九年九月から学校に行かせ、運動会では、松葉杖をつきながらダンスを一緒にやったりしたが、十二月一日に容態が急変して、翌年一月二十四日に昇天された。学校まで霊柩車《れいきゅうしゃ》を出して下さって、そこに生徒さんがずらりと並んで見送ってくれ、学校に木を植樹して木の名前の裏には彼女の名「〇〇子の木」と書いて下さった由である。

2

信仰の実修

●龍宮住吉本宮でお祭りしている神様は

SH（男）夕べも講話の中で伺ったんですが、龍宮住吉本宮とはどういう神様を祭っているのか、まだよく分かりません。

清超 昨日の続きらしいから、荒地さん、ちょっと話して下さい。（笑）

荒地 ありがとうございます。龍宮住吉本宮にお祭り申し上げている神様は、住吉《すみのえの》大神様。住吉大神様は、古事記神話に基づいて、谷口雅春先生がお説き下さっているんですが、住吉大神さまがお生まれになるというか現れるときには、常に国が危機的な状況の中にあって、それをお救いになるはたらきとして、古事記神話の中で住吉大神様が、常に登場されておるんですね。そういう事で住吉大神様は、一切の秩序を整えてこの日本の国の安泰というものを、定められるところの神様として、鎮護《ちんご》国家・宇宙浄化の神様として顕現し、谷口雅春先生がこの龍宮住吉本宮を御顕斎せられ、お祭り申し上げてるということでございます。

SH　龍宮住吉本宮というのは、ここだけのお宮なんですか。

荒地　住吉大神さまをお祭りしてある所は、全国至るところに沢山ございます。

SH　その龍宮という、その辺の意味をちょっとお願いしたいんですがね。

清超　龍宮っていうのは、実相世界のことであると神示の中に出て来るね。「生長の家」というのも単なる宗教団体の名前というより、本来は実相世界のことです。だから生長の家の神様っていうのは、即ち龍宮の神様であり、住吉大神様《すみよしの》とも申し上げる。住吉大神《すみのえの》というふうにも申し上げる。要するに実相世界の中の浄めのはたらきを受け持たれる神様のお働きを、そういうふうに申し上げるのです。浄め、浄化ですね、宇宙浄化。そういうような働きの神様。だから絶対なる神様と別ではないが、そういう働きを特に、龍宮っていうのが実相世界の事ですから、その浄めの働きをなさる「龍宮住吉本宮」としてここにお祭りしてあるわけですね。

SH　それからもう一つ。「鎮護国家住吉本宮」というお札がありますが、そのことについてお伺いしたいんです。よろしくお願いします。

荒地　鎮護国家というのは、国を鎮《しず》め守るということですから、住吉大神様は古事記神話の中で出て来ますけれども、国の危機的な状況の中にあって、それを常にお救いされる働きとして述べられているんですね。ですからここでも、谷口雅春先生は鳥居の所にも鎮護国家住吉本宮として、扁額《へんがく》が掲《かか》げられてあります。この谷口雅春先生の住吉大神様に対するひとつの認識というか、それをお札として私たちは谷口雅春先生の祈りを受けて、住吉大神様の御神徳を象徴的にですね、お札として現して、それを日々お祈り申し上げるということで、あれは神霊符として谷口雅春先生が信徒の皆さまに下付《かふ》せられるようにということで、こちらで準備しているものでございます。

SH　はい、有難うございます。

●実相を観ることが出来ない

S（女）　私は生長の家を学び始めてまだ一年も経っていません。現象を見ないで実相を観《み》なさいとお聞きするんですけど、どうしても現象に振り回されるというか、実相を観る事が出来ないんです。どうしたらそれが出来るようになるでしょうか。

清超　何か具体的な事があるんですか。

S　例えば世間をさわがす事件を起こした人とか、許せないような人が目の前に現れた場合に、そういう人の実相を観ることが、どうしても出来ないんです。

清超　そうですか。それは「中々出来ない」というのが普通ですね。だからあなたが特別変だというわけじゃないんでありまして、みな変なんです（笑）。だけどもその変な中で、人間っていうのは、現象的にそういう悪い事をするとか、あるいは病気をするとか、誘拐《ゆうかい》をするとか、何だか変な活動をすることがある。それは全て迷いの姿なんですよね。迷っているということは、本当の人間はそうでないんだけども、現象人間としては迷っている。その迷っているということは、丁度霧がかかって本当の美しい山が見えないから、ボーッと見えているような感じです。或いは鏡を見ても、その鏡が曇っているためにボーッとしたような姿に見えている。そういう状態ですね。焦点の合わないような状態と言ってもよろしいね。

そういう時はお前が迷って、こっちが覚めているというのじゃなくて、私たちは肉体的に見ると、つまり現象的に見ると、皆そういうふうに不完全な状態に見えるけれども、しかし本当を言うと迷った人を神様が創《つく》っているはずがないのです。神様が創られた世界や人間は、皆完全であり円満であり、素晴らしいのである。何故《なぜ》なら吾々は皆そうした「完全さ」を求めているから、それが本当だというのです。感覚とか視覚によってじゃなくて……直観認識としてそうだという、これが信仰なんですね。

本来信仰っていうのは、目に見えるからそれを信じるってんじゃなくて、目に見えるのはそうかも知らんが、本当はこうだと、そんなところから生長の家は出発していますからね。だから確かに目にはそう見えるけれども、あの人も神様が創られた神の子であるに違いない。そうするとそれを見る練習をしましょうというのです。その人だけを特別見る必要もないが、あなたの身近な人もみな神の子である。あなたは夫がいる方ですか。

S　はい。

清超　するとまずその辺から実相のすばらしさを観る。遠いところじゃなくて、身近なところからやられるとよろしいね。そして、「その人は完全で素晴らしいんだ」と毎日練習して行くんです。それが神想観の実修ですね。ピアノでもうまく弾こうと思ったら、最初からは弾けませんから、毎日練習していくでしょ？　そういう練習をしていくのが、修行と言われるものですね。信仰の実修ですね。

ピアノでも毎日練習していると上達するように、実相を観るという素晴らしいことも、毎日神想観をやってると段々それが本当に「そうだ」というふうに観えるようになってきます。益々素晴らしく観えるようになってきますね。しかも素晴らしさには限度がありませんから、無限に素晴らしい世界があるなぁ、という実感が湧いてくるようになりますから、練習するのはたのしみだし、そのほか仕方ないですね。だからあなたはまだやり始めてからそんなに時間が経っていませんから、そういうふうにできないことを心配されるかも知れませんが、皆さんそうしてやってらっしゃる。そうするとね、やればやるほど段々素晴らしい世界が分かるようになってきますから、ご心配なくやって下さい。

S　練習っていっても……観れるようになったら、もうあの世行きじゃないですか？（笑）

清超　そんなことないですよ。観れるっていったって、もうこれでよしというのではなく、無限に上達するんですから。

S　いやぁ……

清超　いやぁって、信じないんですか（笑）？　信じないなら信じないでもいいんですよ。生長の家はね、非常に信仰の自由を貴《とうと》びますから。「私は信じない」という人は、別にいつ帰られても構わないんですよ。決して監禁などはしませんから。（笑）

S　信じないんじゃないんです。なかなか観れないっていうか……

清超　でも、観れないと決める必要はないでしょ。あなたピアノやったことある？　やったことないですか。そうするとね、あなたは弾けないと思うかも知れないけども、やってみると段々弾けるようになってくるんですよ。何でもそうです。掃除でも洗濯でも、私は出来ないと思う人でも、毎日練習してると、出来るようになるんです。それは本来人間がみな素晴らしいからでありますよ。（拍手）

S　でもピアニストにはなれないでしょ？

清超　なれないことはないですよ。ピアニストもいろいろ上手下手がありますからね。だけどそれをもっと上手になりたいなら、また生まれ変わってきて続きをやるというふうにして、いくらでもやっていくんですね（拍手）。だから「途中で死んだら困る」という考えは必要ないですから、お捨てになった方がよろしいですね。いくら死んだら困ると思っても、人はみな死にますからね。今すぐは死なないけれども。だからそういうふうに、とにかくこの世の中は、ひとつの大きな「人生学校」であるというふうに考えて、何も焦《あせ》る必要はないのです。

S　有難うございます。（拍手）

清超　そうですね、何でもはじめから出来ないと決めてしまうといけませんね。

●縁がある

O（男）　四、五日前に分かった事なんですが、「偶然はない」ということで、先生にお聞きしたいんですけども。うちの娘が世界聖典普及協会に、二年近くお世話になりました。ここで顕斎《けんさい》がありました時に、聖典頒布の仕事をさせて頂いておったんです。今は結婚して五人の子供に恵まれているんですけど、その婿《むこ》さんの住まいが、ここから一時間のところにあったんです。その家では代々庄屋さんをやっていたり、村長さんもやった家系の人なんです。ここで顕斎があった時に、ご先祖様方がこちらへ来て、この娘ならこの家の嫁にはいいんじゃないかということで、そこで縁が結ばれたのかなぁって、私なりに解釈しているんです。二番目の息子さんと、うちの娘は結婚してるんですね。偶然はないということで、こちらにご縁があるのかなぁってしみじみ感じておるんですが。

清超　そうですか。それはご縁があったんですね。あなたのご観察の通りでありましょう。全て偶然に出会うような方でも、それは何かの因縁で前世からの因縁といってもいいが、そういう原因があり縁（助因）があって、今生において巡り合ったり、或いはご縁が重なって結ばれるというふうになってきてね、それがフッとそういう縁談になって出てきたりするわけですね。

O　有難うございます。（拍手）

清超　それは「因縁果の法則」と言いますね。縁というのも沢山ある。これは助因といって、種子だけじゃ実が結ばれないんですけど、種子の他にそれを補助する現象がいくらでもある。例えば大根の種子を播《ま》くと、種子だけじゃだめだ。大気が暖かくなるとか、水が適当に与えられるとか、それから昼と夜の間隔とかいろんな条件が加わって、そして大根が生《は》えてくるでしょう。大根にもまた生育する間の時間がこれだけあると、実が結ぶとか大根が大きくなるというふうに、助因というのは沢山ありますね。助因と因とがジョイントすると(笑)、そうすると果が出てくるというわけですから、全てのことが吾々の生活の結果に結びついてきますから、吾々が受けるお蔭などは、いろんな人々からも、又大地からも、凡ゆる動物や植物からも受けるわけですね。そういう意味で天地一切のものと和解せよといわれているのです。そして感謝せよといわれているのです。

●S会に入会していた時の仏壇を、そのまま使っても良いのでしょうか

L（女）昭和三十年にS会に入っておりました。三十年間ほど支持しておりましたが、平成

三年に生長の家に巡り合いまして、一所懸命に頑張っております。

清超　そうですか。(拍手)

L　S会の時に使っていた仏壇を、今も使用しているんですが、どうでしょう、構わないでしょうか。

清超　構いませんよ。それは例えば中学時代に使った洋服を、高等学校で使ってもいいようなもんで、新しくしてもいいけれども、古いまま尊重して使う、これもよろしゅうございますね。

L　はい、分かりました。有難うございます。(拍手)

清超　そうですか。それは学校にもいろいろあるように、学校も段々進んでいくわけでありますから、過去の信仰にこだわる必要はありません。仏壇の場合は、よく聖経読誦をなさってから、お使い下さい。もちろんその後も、ずっと毎日聖経を読誦されるとよろしいですね。

3　大調和の家族

●喧嘩の絶えない実家を心配する母

M（女）　私の母の実家での問題ですが、母の兄が病気で入院していまして、その家の中は喧嘩ばかりしてゴタゴタしています。

清超　伯父さんはあなたのお母さんと一緒に住んでいるんですか？

M　いいえ、母とは住んでいません。伯父は熊本に住んでいて、その家がゴタゴタしているので、母は凄く心配しているんです。

清超　お母さんはどなたと一緒にいるの？

M　父とです。

清超　お兄さんの住んでいる所とは違うんですね。

M　はい。

清超　その兄さんには奥さんもいらっしゃるの？

M　はい、います。

清超　そこがゴタゴタしているんですか？

M　はい。喧嘩ばかりしていて、病気で入院もして……伯父はお酒ばかり飲んでいるらしいので、私の母は心配して毎日仏前で聖経を誦げているんです。

清超　聖経を誦げていらっしゃる、生長の家を真剣にやっておられるんですね。

M　はい。どうしたら解決するでしょうか、アドバイスをお願いします。

清超　ゴタゴタの原因がよく分からないと具合が悪いんですが、あなたは実家の父母のところからお嫁に来たんですか？　それともご主人はまだいないの？

M　はい、独身です。

清超　これは失礼しました。あなたは今お父さんお母さんと一緒に住んでいるわけですか？

M　はい、母と住んでいます。

清超　お母さんとお父さんと一緒に……あなたの兄弟は何人くらいいるの？

M　四人です。兄が二人で姉が一人です。その姉は今後ろで話を聞いています。

清超　いいですね、素晴らしい家ですね。それはよろしいね。するとこの母のお兄さんは生長の家をご存じないんですね。

M　少しは知っていると思います。

清超　そうですか。お母さんが伝えたの？

M　はい。確か聖経を持っていると思います。

清超　そうですか、それなら大丈夫ですよ。今いろいろの理由があるだろうが、夫婦が不調和で、お酒を飲んでらっしゃるというけど、聖経を持っているからある時期に「これじゃいかんな」と、今でも思ってらっしゃると思うがね。それであなたのお母さんもお兄さん夫婦の大調和を祈っておられるしね。お母さんも信仰があって、あなたも、さらにこういう方々も皆信仰がある。そういう因縁のある家庭ですから、あまり心配しないでも大丈夫ですよ、もう一人前の男性と女性ですから。

あなたは未婚かもしれないが、これらの方々はもう立派な責任ある家庭のご主人であり奥さんであるから、やっぱり自分が播いた種を自分で刈り取る立場にあるわけですね。だからあなたがそこまで心配する必要はないのでね。あなたはお母さんと同じように、その方々の大調和を祈ってあげたらよろしい。あるいはあなたがお父さんお母さんと大調和して、皆で信仰生活をさらに深めていく。そしてあなたはお伝えしやすい多くの人に伝えていく事を始めるとよろしいね、伯父さんの方には伝えにくいわけですから。歳があまり離れているだろうし、立場が伯父さんだしね。

M　はい。その息子さん達もあまり仲が良くないんです。

清超　そういう事もよくあります。だからチャンスがあれば、本やら何やら……月刊誌とか送ってあげたりしてお誘いする事も必要だし、そうでなくても、血が繋《つな》がっている人を先に救わなくてはならないという事はないのですからね。

あなたの一番手近にいて、一番伝えやすい所から伝えていく。何でもやさしい所からやっていかなくてはいけませんね。ピアノの練習するのでもやさしい所から練習していくでしょう？　急にショパンをやろうと思ってもなかなか出来ない。だからそういう所から、あなたの一番やりやすい所から生長の家を勧めて、「ああ、ここにも立派な方ができた」「ここにも素晴らしい家庭が生まれた」と、そういった事を喜びとして体験しながら、伯父さんの方は間接的に祈ったり、神想観の中で「完全な素晴らしい家庭である」とやっていかれたらよろしいですね。

M　はい。ありがとうございました。

清超　姉妹で団体参拝練成会に来られたりして感心だね。素晴らしい家庭だ。青年会に入っているんですか？

M　花のつどいに……

清超　花のつどい、あー素晴らしい。

●名前の分からない先祖の霊牌の書き方

A（女）　亡くなったおじいさんが残していた我が家の先祖の系図みたいな物がありまして、

それを見ると私たち夫婦は七代目になります。初代は重吉という名前だと分かりますが、その奥さんの名前が分からないんです。

清超　それはご主人さんの方の血筋の話ですか？

A　はい、そうです。お位牌《いはい》には戒名《かいみょう》が書いてあって、亡くなった年も慶応二年十二月七日没と書いてあります。お墓にも「重吉の妻」と書いてあるそうですが、名前が分からない場合、霊牌を書く時はどのようにしたらいいのでしょうか。

清超　重吉さんのお名前が分かっているなら、「重吉の妻」でよろしゅうございますよ。

A　市役所に勤めているおばに、戸籍法は明治に施行されているので、昔は名前がなかったのかもしれないと言われたんです。そしたら「重吉の妻」でよろしいでしょうか。

清超　はい。よろしゅうございます。

A　ありがとうございます。

清超　ご祖先供養をよく行き届いてなさっているようでありますね。それから勿論、戒名があればその方をお使いになってもよろしゅうございますね。

●入院している高齢の父を、正妻の母の許に引き取るといって、聞かない妹

S（男）最近、私の父が九十一歳で入院しました。父と正式に結婚している妻は二十年くらい前から別居していますが、正式でない方は五十年くらい経っておりまして、五十歳の娘と二人で父を看病していたんです。

清超 あなたはどちらのお子さんですか？

S 私は長男で、四人は正式の方で一人が正式でない方の子供で、女性です。私は正式な方の長男です。それで質問は、私の二番目の妹が、点滴を受けて輸血している九十一歳の父を、八十八歳の正式な妻の方に引き取りたいと言います。「それは殺人になるからやめてくれ」と私は言うんですが、五十年前の事でも正式な結婚というのは真理だと言うんです。

清超 誰が言うんですか？

S 二番目の妹です。

清超 あなたの直接の妹さんですね。

S　そうです。

清超　その方は生長の家を知っているんですか？

S　知ってます。それで正式に結婚しているのを元に戻して、父を引き取って世話をすると言いますが、私は「八十八歳の婆さんがどうやって九十一の爺さんを世話できるのか」と言い、病院において一分でも一秒でも命を永らえてもらった方がいいと思うんです。それでも妹は、五十年前に結婚している者と正式な関係に戻すのが真理だと言います。真理でも私は「いま動かされると命が危ないからちょっと待ってほしい」と言いますが、そう言うのは間違っているんだろうかと思ってしまいます。正式な結婚はしていないが、子供を一人生んで、ずっと父を看病もしてきているわけですし……

清超　どなたが看病してるの？

S　五十歳の子供と、正式に届け出ていない方の女性です。

清超　入院していらっしゃるんですか？

S　いま入院していて、今朝、神癒祈願もお願いしました。正式な関係ではないけれど、五十年間も平穏無事におくってきたのに、正式な結婚は真理だと言われても困るんですがいかがでしょうか。

清超　そうですか。そうするとあなたは長男さんで、いわばあなたは、このお父さんお母さんを世話してらっしゃるようになっているわけだね。

S　そうです。

清超　するとあなたの意見で良いわけでありますが、正式の妻でない女性に面倒をかける、世話してもらっているという事は、入院したり老人ホームに入ったりした場合はたいていそうなるね。看護婦さんというのは結婚した妻でも何でもないんだけれども、他人でも深切にやって下さる。妻以外の人に世話になって医療を受けているという事は、別に不都合な事でもなく、むしろ末期《まつご》になって無理に引き取らなきゃならんという事の方が、ちょっとムリな考えですね、真理に照らしてもね。

S　妹は子供として主張しているだけであって、どうしたいのかは本人同士で決めたらいいと私は言うんです。

清超　その方が順当ですね。

S　正式な結婚が真理と言われると、生長の家をやっているので「真理」という言葉には弱いもので……

清超　真理は真理なんですよ。夫婦関係としては真理なんだけど、住居をどこにするか、あるいは誰に世話をしてもらうかは、それは又それとは少し違うんですね、結婚の事実が真理であるというのとはね。誰かの世話になるという場合に、親しい看護婦さんの世話になったって一向に差し支えないわけでしてね。それと一緒くたにしちゃうとちょっと具合が悪いね。だからあなたの考えでいいんですよ。

S　それを聞いて安心しました。真理だからと、五十年間も離れていたのに引き取ると言って、輸血してるのを連れて行って死んだら殺人罪で訴えるぞと言ったんですがね。

清超　そんなひどい事はありえませんけどもね。殺人罪とか何とかいう問題じゃありませんが、別にあなたの考えは間違っていません、ご安心なさって下さい。

S　どうもありがとうございました。

●仕事もせずに毎日遊んでいる、近所の男の子が心配

T（女）近所の家庭の話ですが、現在十七歳で、高校受験もしてない無職の人がいます。一日二日は働けますが長続きしないんです。それで親に一日平均で一万円台のお金をせびるんです。

清超　その子は男の子ですか。

T　はい。パチンコに行ったり、お友達に振る舞ったりする事が一年以上続きました。それでも定職に就こうともしないし、要求のお金を出さないように言えば、家の中をめちゃくちゃにしてやるとか言うので困っている家庭があるんです。お母さんは岡山の吉備《きび》練成会を受けたりしましたが、子供にお金を出し続けているんです。

清超　お父さんもいらっしゃる？

T　お父さんはＮＴＴに勤めておりまして、お母さんはＪＡに勤めております。今ここにお母さんは来てますので質問しなさいと言っても、勇気がないという事で代わりに私が質問をしています。それでお金は言うだけ出してやるべきでしょうか。お金を要求するという事は愛情不足だと分かってはいるんですが、どの程度に与えてやるべきでしょうか。

清超　あなたとは友人関係の人なんですか？

T　そうです。ある人から「子供の問題で困っているから生長の家を伝えてあげて下さい」と言われて、勇気を出して「お話があるんだけど来ない」と言ったら、お母さんはすぐ来られました。それが半年程前でした。

清超　いま来ておられるわけじゃないんですね。

T　いえ、ここに来ておられます。

清超　お子さんは何人おられるんでしょうか。

T　高校一年の弟さんと、長男さんは高校に行っていれば二年です。お祖父さんお祖母さんもおられて、幼い時の面倒を見たそうです。

清超　それでご主人さんは元気なんですね。

T　はい。

清超　ご主人さんはどう仰っているんですか？

T　いるものは出してやれと、わりと甘いようなんです。

清超　そうですか。出してやれと仰っているのなら出したらいいね。要するにこれはお父さんとお母さんの問題ですね。だからお父さんとお母さんがよく相談をして、お母さんだけが子供専門の教育係じゃない、お父さんにやっぱり責任がある。お父さんお母さんの両方にあるわけだけども、どちらかというとお父さんが主人公ですよ、ご主人と言うだけあってね。

だからここに来ておられるとしたら、お母さんがご主人のご意見をよく聞いて、何でも難しい事は相談するというふうにしていかれるとよろしい。小さい時にお祖父さんお祖母さんに育ててもらったという事が影響して、この息子さんは父母の愛情不足を感じたんでしょうね。そんなところが元の原因になっているが、しかしお仕事よりも、お仕事も大切だろうけど、なんといっても息子さんが二人とも良い子で育つことが一番よろしいからね。それには父母の仲の良い夫婦生活、そしてやっぱりお母さんがお父さんをどう思っているか、どういうふうに大切にしているか、それが非常に影響するんですね。これは将棋の名人の米長さんが言っていたが、名人になる人は皆、お母さんがお父さんをどう思ってどう対応しているかが決め手になるんだという話をラジオでしておられた事がある。だからそういう気持で、これから何でもご主人さんに相談してやっていかれたらよろしいね。

T　ありがとうございました。

4　自分が責任者

●孫が事故死をした友人に、『甘露の法雨』を勧めたい

N（女）岡山に住んでいる七十歳くらいの方を講習会にお誘いした事があります。その方は、家から少し西へ行った所に宗旨のお寺があるそうです。その方のお孫さんが、一昨年の五月に岡山港で水死したんです。お孫さんは学校も出てガソリンスタンドに勤めていた様ですが、三人で車に乗って出かけた時に三人とも事故に遭《あ》って、新聞やテレビにも出たそうです。それからその方が岡山から来られるんです。

清超　どこへ来られるんですか？

N　私の所へです。それで「生長の家などあちこちしていたら孫があんな事になったから、もうやめます」と言われました。でも私は、生長の家には素晴らしい『甘露の法雨』がありますから、不慮の事故があった場合はそれをお誦《あ》げになったらいいと思います。でも後からじっと考えておりまして、山口県の浜田雄作先生のように、あのような立派な教化部長先生でも事故で亡くなる事があったので、どのように説明したらいいのか分かりません。亡くなったお孫さんのお母さんは養子で、私が誘った方と二人で講習会にいらっしゃった事もあります。でも、事故があってからお寺の住職さんに、「生長の家やあちこちしてはいけませんと言われたそうです。たまたまその方が最近来ていましたから『甘露の法雨』でも誦げて下さい」と言えたらと思いましたが、どういうふうに言ったらいいでしょうか？

清超　これはあなたの責任でも何でもないですから、心配しないで、悩まず、今までと同じように、生長の家の会合がある時にはお誘いしたり、あるいは、そんな事はあなたの責任というわけではありませんから、『甘露の法雨』があった場合に「『甘露の法雨』をお読みになって下さい」とか言って、ごく自然に良い方を勧められたらよろしいわけです。お寺の和尚さんが仰るということは、それはどうでもよろしいのです。別にそれを反撃するわけではなくて、相手が〇〇教を信じていようが、また何をやっていようが、それは問題ではないです。つまり、信仰が正しくなってくると、それでいい事が出てくるので、多分その方はまだフラフラして悩む事もあったんでしょう。色々な原因からそういう事故が起るわけですね。

だからお孫さんが水死したから、これがお祖母《ばあ》さんの信仰のせいだとか、お母さんの信仰のせいだとか、そういうふうに捉える必要はない。人の世というのは難しいもので、人が死ぬという事はその時は一時的な打撃になるように見えても、それがかえって更にその人たちの信仰心を目覚めさせてくれるという事はいくらでもあるし、それはそれぞれの人々の自覚如何によるんです。例えば生長の家の会合に行って、その帰りに事故に遭《あ》うという事だって、ある人はあるけれども、それがかえって後になると、もっと信仰を深めていく大きな引き金になるという事もあるのです。色々の事例があるのですが、色々あるところが面白いわけですね。同じ筋書き通りに事が行われるなら、面白くないじゃないですか。

人生は長い道のりを歩くハイキングのようなもので、色々の道筋がありまして、そして又その前にあった事が、すぐ後に起った事の原因であるということは滅多にないです。朝起きて朝飯を食べてから自動車に乗っていって事故に遭ったら、これは朝飯を食べたのが悪かったんだという事にはならないのでありまして、今後とも朝飯はしっかり食べるという事は必要なのと同じです。時間的に、この時にこれがあって、これがあったから、これがそれの原因であるという事はない。それは何でもそうです。原因をすぐその前の出来事にひっかけるようなのは、〝馬鹿の一つ覚え〟と言うのでありまして、そういう単純な人生ではないという事を、機会があったらお伝えになったらよろしいですね。あなたが心配することは何もないですよ。あなたは「善い事」をなさったんだから、その善い事をなさった報いは、いつかあなたにも来るので、あなたが後悔したり煩悶《はんもん》したりする必要は、全くありませんね。

N　ありがとうございました。

●先祖供養と前世の問題について

I（女）　以前に読んだ輪廻転生《りんねてんしょう》の事が書かれている本の中に、子供の家庭内暴力の話がありました。家具を倒したり、母親が骨折するほどの暴力をふるい、刃物を持ち出したりという切羽つまった状態だったので、両親がその本の著者のところへ相談に行きました。その著者は霊視をする人で、霊視をしてみると、家庭内暴力をする息子は中国の兵隊で無惨な殺され方をしたという事が分かったんです。それでその著者が兵隊に戒名をつけて解脱供養をしたら、家庭内暴力がすっかりなおったという話しなんです。私は生長の家で聞いた家庭内暴力の体験談で、「先祖供養をしなさい」という事と、「流産児がいる場合は、流産児供養や『甘露の法雨』を誦げなさい」と指導され、誦げたらなおったという話を聞いた事があります。それはとても大切な事だと思いますが、私の読んだ本の話の様に、家庭内暴力などの問題が、先祖とは関係なく本人の前世に起因する場合は、生長の家ではどのように考えたらよろしいのでしょうか。

清超　自分の前世に起因する、家庭内暴力がですか?

Ｉ　家庭内暴力じゃなくても、とにかく自分の前世に起因する事でいま問題がある場合、先祖供養と前世とは一致しないというか、先祖供養だけやっていても問題は解決しないのではないかと思いますが、生長の家ではそこのところをどのようにお教え下さるのでしょうか。

清超　そうですね、先祖供養だけをしていればいいという訳ではないですね。先祖供養も大切だけど、結局は、人間の一生というのは前世から今生《こんじょう》へ、さらに次生《じしょう》へとずっと続いているんです。そしてみな自分の責任で人生を送るのです。自分が筋を作って、自分がその筋書きにより人生を送っていくわけで、人生を作る場合は、どの場合もみな自分が「主人公」であります。他人が主人公ではないのです。だからご祖先が悪い事をしたから自分が被害を受けているという事ではない。

だけどもご祖先というのは自分と非常に深い因縁、関係のある業の似た人々と言ってもいいですね。業というのは行為の集積したものですから、同じような業を持っている人同士が、親子となったり夫婦となったりする事になるから、ご祖先に対する供養というのは自分自身に対する供養にもなるわけです。つまり真理を誦げると、その真理をこちらが知るという事にもなるわけです。祖先供養をする事は、あちらとこちらが真理を知る事になるわけですね。そうすると自分の心や行為が改まってくるから、自分の責任において暴力行為をする人が、今まで暴力をふるっていたのが、自分の態度が変わって暴力をふるわなくなる。それはごく当り前の事なんです。こちらの本人がそれによって精神が浄まって、行為が正しくなっていくからですね。

ただ先ほど一番最初にあげられた、昔その人が前世において支那の兵隊であったとか、そういう事はどうでもいい事で、それが本当かどうかも分からないですよ。本人は霊視してもらったと言っていても、霊視者はそう言うけれども、それが本当かどうかわからない。どういう名前がつけられていようと、何をした人であろうと、その人のそのような行為によって暴力がなおったと言っても、それはご本人達がそう思っているだけのことです。

例えば正しいご供養をしてあげたら、それはその相手が救われるというよりも、自分が救われるわけです。自分が救われるというのは、自分の行為が改まっていくわけですよ。例えば今までは暴力行為をする息子に対して、自分は被害者だと思っていて、息子が悪いのだと思っていたのが、息子が悪いのではなくて、息子はいいんだ、息子も一種の被害者なんだというような気持ちや、あるいは要するに息子は本当はいい人なんだけれどもそういう事をやった、自分もやられるだけのそういう責任があったんだ、という反省が態度に現れて、それで息子さんとの関係がよくなるという事はありうる事ですね。

だから薬を飲む時でも、「これは絶対効くんだ」と思って飲んだら、それは効かない薬でも効きますからね。おまけに、それに非常に高価な値段でも払ってあると、それはいい加減な薬でも効く。これは偽薬《ぎやく》と言いまして、正式に医学的にも使われるものなんです。あまり副作用の多い薬を何回も使っているような時に、今度は副作用のない何でもないような、メリケン粉を固めたような薬をくれても、それを飲むと効くんですね。本当の薬が六十パーセントくらい効き目があるとしても、プラシーボと言ったり偽薬と言ったりしますが、そんな薬でも四十パーセントくらい効くんです。これはもう大変な効き目がありまして、お医者さんは時にはそれを取り混ぜて処方するんでありますよ。

だからそういう宗教的におごそかな儀式をして、これはこうだと断定すると、そうかと思ってプラシーボの役をして、そうした儀式やお祭りが効く場合がありますね。だけど本当を言うと「自分が自分の責任者」なんですから、そこのところを生長の家では、はっきりとさせて、そしてその人が前世で支那の兵隊であっただろうが、ロシアの兵隊であっただろうが、どうであっただろうが構わない。そんなのが本当かどうかはどうでもいい。本当だという証拠は何もないのですからね。お前は誰々の生れ変りだと言ったって、そう言うと一部の人に説得力があるだけの話で、何の証拠もないようなそういう事は、生長の家では言わないですね。理性的に判断して、それは当然そうなるべきものだという根拠があったり、理論的に正しかったらそう言いますけどもね。まあそうした問題ですから、いいかげんな前世論や霊視などをもてあそぶ者の言葉を鵜呑《うの》みにしてはいけません。

●宗派を変えてもよいでしょうか

M（女）　先祖供養の事でお伺いしたいのですが、主人の直系の先祖が金沢の出身なんです。主人の父のお祖父《じい》さんにあたる先祖から以前は金沢にありますが、主人の父がこちらへ来てしまったんです。主人の父の母親は一人娘で養子に来たので、一時的に絶家しまして、お墓を東京へ建てたんです。父が亡くなった時、私は近所の素晴らしい和尚さんに供養してもらい、そこを終生のお寺にしようと思ったのが真言宗だったんです。

清超　それを、誰が思われたの？

M　私と主人と皆でここのお寺にしようと。

清超　あ、そうですか。

M　金沢というのは浄土真宗が非常に多く、生活に密着して素晴らしいのですが、私は真言宗に宗派を変えてしまったんです。『人生を支配する先祖供養』を読みましたら、宗派を変えるのはあまりいい事ではないと書いてありましたし、石屋さんからもそう言われました。『人生を支配する先祖供養』は、ぼろぼろになるまで一所懸命に読みましたが、子孫が本当に切実に「この宗派を」と思う時は、変えていいような事がどこかに書いてありましたので、それで変えましたが後ろめたいような気になり、金沢のお墓も二、三回訪ねて、「実は東京ではこうやって供養していますが、ご先祖様には感謝していますから、どうかご理解下さい」といってきました。それでもやっぱり罪を犯したのかと気になっています。宗派を変えるという事についてお聞かせ下さい。

清超　ご主人さんは反対しておられないのでしょう？

M　はい。お祖母ちゃんにも「私が真言宗でやっているけどいけなかったでしょうか？」と聞いたら、お祖母ちゃんも、主人も皆そのお寺でいいと言ってます。

清超　そうですか。それは結局皆お釈迦様の教えを信じているのだからいいですよ。

M　そうですか、ありがとうございます。ほっとしました。

清超　お釈迦様は真宗でなくてはいかんとか、真言宗でなくてはいかんと仰っていないでしょう。それはただそういうふうにご祖先が宗派を選ばれたので……

M　祟りなどはないですよね。

清超　お墓をお守りして供養するという事は、その事自体が素晴らしいので、それであなた方が仏教ではなくてキリスト教を混ぜてやるというわけでもないしね。いいじゃないですか。

M　そうですか。金沢にお骨が埋まってますので、そちらのお寺の方も大事にしていこうと思っています。

清超　どうぞ、そっちも大事に、こっちも大事にして下さいね。

M　それでいいでしょうか？

清超　それでいいですよ。

M　そうですか、ありがとうございます。

5　捉われない生き方

●次男の菜食主義について

O（女）三十歳になる次男のことですが、昔生学連までやっていました。

清超　もう結婚してるんですか？

O　独身です。

清超　同居していらっしゃるの？

O　はい、そうです。その次男が、「人間が動物を殺して食べている事は人間の勝手で、お母さんは『生命の實相』を読んでいないのか」と言います。お昼は会社のお弁当を食べてくれると楽なのですが、食べたくないから、家で作ったものしか持って行きません。

清超　菜食主義でやっているわけですね？

O　そうです。でも弟もいますので、少しは取り入れた食生活にしています。

清超　弟さんは何歳になるの？

O　同居している子は二十歳です。

清超　そうですか。

O　結婚式に出席しても、肉を使った料理があると、嫌悪するような感情を抱くらしいのです。特に疲れてくると、お肉の事、動物の事を私に言います。私は息子の意見が間違っているとは思えませんが……

清超　ご主人はいらっしゃるんですか？

O　おります。

清超　ご主人は何と仰っていますか？

O　息子の意見については、「それはそれでいいけれども、自分以外の社会へ向けてまで意見を言うのはもっての外だ」と言います。

清超　息子さんは、この他には別に異常は無いのですか？

O　別にありません。

清超　それならよろしい。世の中に菜食主義者というのはおりまして、動物を殺すのは嫌だという人はいるのであります。それは日本にもいるし、アメリカにもいる。インドのガンジーという人はヒンズー教の家系の人でしたが、無抵抗主義のガンジーさん、知ってるでしょう？　国民会議派の首領になった人で、インド独立運動の英雄と言われる人です。あの人はイギリスに留学するんですが、自分は菜食で育って菜食主義で来たが、イギリスへ行ったら食べる物がない。パンもまずいし、それから野菜も塩気がない。イギリスのサラダというのは本当のサラダで、要するに味がついていないサラダなんですね。サラダというのは塩というサルトと同じ語源で、塩をかけて食べるのが本当のサラダですが、塩もあまりたくさん無いし、それでとても困っていた。

イギリスのあらゆる先生やら友達が、「冬は寒いから、ここでは絶対に肉を食べなきゃ過ごせない」という。「イギリス人の体格がいいのは肉を食うからだ」と言って肉食を勧めるんです。それで肉を食べてみたけれど、最初羊の肉を食ったそうですが、固くて、まずくて、吐き出しそうでやめた。それでも周囲からは肉食を勧められる。しかし自分は、お母さんやら何やらも菜食生活をしたものだから、菜食で通したくて、宴会の席に呼ばれてもビフテキみたいなのも食べないという事をやったので、周囲とも折り合わなくなった。結局切羽詰まって、最後には外へ出てほっつき歩いている時に、菜食だけの食堂があり、そこで菜食主義のイギリス人の書いた本を見つけたんです。それを一所懸命読んで、「ああ、こういう世界もあったのか」と言って、やっぱり自分は菜食主義でいこうと決心をして、それ以後は肉を食べなくて、やがてインドへ帰った。

南アフリカへも行くんですが、そこへは奥さんも一緒に行ったりした。ガンジーは十三歳の時に結婚していますから子供もできていた。こうして結局その後は菜食主義で通すんです。それで、とにかく今与えられている所で、自分の理想とする事をやろうと決心し、非暴力主義でやっていくわけです。南アフリカでは暴力を振われるんですが、その場合でも、相手に神性があるという事を思って、そして説得すると、暴力を振っているところからも救われていくという経験をしているんですね。

そういう意味であのガンジーさんは中々理想に生きた人だ。それから又菜食だけで立派に運動選手としてやっていったアメリカ人もいるし、菜食主義は本当は良いのですよ。本当は良いのだけれど、今の人間の大部分が肉食をしている。それは一般の人々の認識が、動物を愛護するところまで徹底していないからであります。

かつて象の話をした事があるが、象というのは頭が良くて体があんなに立派なんだけれども、菜食なんですね。ライオンよりも本当は強いんです。だからライオンも象には手が出せない。象は一種の、陸上の動物の支配者みたいな立場にあって、その象を人間が殺すから段々減ってきて、地球上の動物の生態系が崩れてきているんです。ある意味において、象は人間に対しても非常に忠実に言う事を聞くし、芸当までする。そういう意味で、菜食の見本を示していてくれる動物だ。大きな鯨でも、プランクトンを食べて、菜食みたいなものです。そういう訳で、菜食を守りたい人は守ったらよろしいし、それで仕事に差し障るわけではないし、結婚式ぐらいはどうでもいいのですから。どうせ宴会かなんかのことでしょう。ご主人がそれを否定しておられないという事は益々ありがたい事で、あなたさえ引っ掛からなければいいんですよ。

●家族全員が、病気で苦しんでいる

T（男）私を始め、家族全員が病《やまい》に苦しんでいます。生長の家で「神の子本来病、逆境なし」と教えられて、頭では分かっていても、現象では両親、兄、姉と私も病気に罹《かか》っています。

清超 病気というのは何ですか？

T 私の場合は癲癇《てんかん》です。家族全員の事では借金がある事です。

清超 あなたは仕事をもっていらっしゃるんですか？　何か職業はある？

T アルバイトです。

清超 アルバイトをしているわけね。

T はい。

清超 それはいいじゃないですか。

T 私の場合、就職出来なかったんです。

清超　なるほど、そうですか。

T　学生時代はバブル全盛期で、十三件受けましたが、全部落とされてしまいました。それで落ち込んでいた時に、担任の先生とクラスの人、校長先生に、殴《なぐ》る蹴《け》るの暴行を加えられました。

清超　加えられたの？

T　はい。

清超　加えられたのはいい方《ほう》ですよ。加えた方よりもね。

T　それからその先生達に対する怒りと恨みで癲癇が起きて、借金を抱えたりと……

清超　癲癇はその頃から起こったんですか？

T　たぶん前兆だったと思いますが、正式にはその二年後だと思います。それで逆境と病気に感謝出来るように、毎日仏壇の前で『甘露の法雨』『続々甘露の法雨』『天使の言葉』を、時間のある時はまとめて全部読誦して、実相円満完全誦行、家族とアルバイト先の一人一人に感謝の言葉を唱えたりもしています。

清超　それはいいですね。

T　それを継続していった方が、自分を始め家族の病気と、逆境問題全てを解決出来るでしょうか？

清超　それは出来ます。さらにそういう昔の事、何かの原因があって暴行をうけたという事に対しては、全て赦《ゆる》してしまうんですね。心から赦して、その人達の幸せを、言葉だけでもいいから「幸せになって下さい」と祈るとよろしい。

T　永年赦す事が出来ずにいました。

清超　それを赦さないと、あなたの方でもその苦しみが出て来るからね。それから癲癇というのは一種の病気だが、胃の病気と同じ様なもので、それが頭の方にちょっとあるというだけの話ですね。

T　今も少し薬を飲んでいますが、途中でやめようか迷っているところなんです。やっぱり医者の言う事を聞いて、しばらく続けていた方がいいか、それとも自力で治すために捨てた方がいいでしょうか。

清超　まあ、やめたらいいけれども、また起ったら使ってもいい。そしてまたやめる。煙草と同じだよ。「俺は四十回も煙草をやめた」と言って威張っている人もいたわけだから、それは構わないですよ。ただ薬で抑えるというだけではなくて、そういうものが無くなる状態に持っていかなければいけないですね。

T お医者さんにも薬にも、感謝した方がいいですか?

清超 感謝した方がよろしい、憎んで飲むよりはね。(笑)

T ありがとうございます。

清超 それから、アルバイトというのは善いのです、アルバイトといって特別に一段低く見る必要はない。芸術家というのは、大体アルバイトをやりながら生計して、絵を描くとか、芝居をやるとか、そういうふうになっていくもので、アルバイトも結構ですよ。ちょっと汚い仕事だって何だって、悪い事でなければ、どんどん明るくやったらいいですね。

●階上の住人の部屋の音がうるさい

TR(女) 以前歯の事でご質問して、それ以上悪くならなかったので大変ありがたく思っています。

清超　歯がどうだったんですか？

TR　前歯が出っ歯になって物が噛めなくて、お医者さんに「全部抜いてしまわなければいけない」と言われましたが、そのままでした。それと先生にご質問して、自分が大変素晴らしく変わりました。ありがとうございます。

ところで私は都営住宅に住んでますが、上の部屋の人が夜になると仕事を始めるらしくて、一晩中ガタガタやっています。私はその音がとても嫌いなんです。

清超　あなたはお一人で住んでるの？

TR　はい、独身で七十歳です。

清超　七十歳？　七十歳にしては見たところお若いですね。

TR　上の部屋は若い男の人で、一晩中ガタガタしています。

清超　何をするんでしょうか？

TR　何の仕事か分からないけど、荷造りのような事をしているみたいです。私はその音がとても嫌いで眠れないんです。それでテープレコーダーを買ってきて、谷口雅春先生のテープを一晩中聞いてます。もう一年くらい聞いています。

清超　それでお若いんだな。（笑）

TR　とても尊い立派な先生のお話を、寝ながらみんな聞いて、どんな人間が出来るかと思っています。

清超　素晴らしい人間が出来ますよ。

TR　では、これからも続けて一晩中テープを聞かせて頂きます。ありがとうございます。

清超　あなたは何かお仕事をしているの？

TR　何もしていません。

清超　してないの。なら一晩中でもいいね。

TR　立派な先生のお話を、まるごと潜在意識で頂くので、大丈夫かなと思って。（笑）

清超　それはもう大丈夫です。遠慮はいらないですよ。感謝してどうぞお聞き下さい。

●妻の実家の姓を継ぎたいのですが…

K（男）　姓の事でお聞きします。家内は一人娘で、家内のお母さんとお祖母《ばあ》さんは亡くなられたので、姓が途絶えているんです。私は五人兄弟の末っ子ですので……

清超　最近別姓がだんだん流行《はや》ってきたりしてね。奥さんは今あなたの家の姓なんでしょう？

K　そうです。それで以前から、生長の家では姓を絶やすとまずいという事を聞いていました。以前はそんな事に見向きもしなかったんですが、最近生長の家の御教えに深く感動しました。それで通称は私の家の姓に、戸籍を家内の家の姓にしたいんです。私だけの問題ではないので家内とも話して、五、六年くらいかけてじっくり考えたらいいという事になってます。その「継ぐ」「継がない」という問題についてお聞きしたいんです。

清超　奥さんの家の姓をどなたがお継ぎになるんですか？

K　私が継ぎたいと思います。

清超　奥さんも変えるわけですね。

K　そうです。

清超　子供さんは？

K　子供は三人います。

清超　それも変わるの？

K　それはどうしたらいいのか分からないんです。私だけ変えて、子供は変えない事も出来るんですか？

清超　それは今の法律だと出来るね。子供さんは何歳になられるんですか？

K　一番上が高校一年です。真ん中が中学二年、下が小学三年です。

清超　子供が継ぐという方法もあるけどね。それは昔からあるね。それから奥さんだけが継ぐという方法もあるかもしれない。全部で継ぐ方法もあるね。

K　継ぎ方は自由なんですか？

清超　生長の家では自由ですね。

K　そうですか。

清超　だから皆さんで相談してね。あなたの家の姓を継ぐ方《かた》はちゃんといるんですね。

K　私は五人兄弟の末っ子ですので、私の姓は無くなってもいいです。

清超　あなたの家の姓はちゃんとあるわけだ。それなら大変自由じゃないですか。

K　しかし以前私の父親にその話をしましたら、「お前はアホか。財産も何も無いようなところへ名前を変えたら、とんでもない事になるから、わしは許さん」と言ったんです。それはどうしたらいいでしょうか？

清超　お父さんは亡くなったんですか？

K　生きております。

清超　それではお父さんに相談して決めた方がよろしいね。

K　やっぱり父親の言う事を聞いた方がいいですか？

清超　全然相談しないで変わったら、お父さんは怒られるでしょうね。相談して、部分的に継ぐとか、どなたかが継ぐという話が、一番お父さんとしては納得しやすいのじゃないでしょうか。

K　分かりました。ありがとうございました。

6　魂の成長

●神と人間の存在について

J（女）　最近「どうして人間というものが存在するんだろうか」と思っています。「神様というものがどうして存在するんだろうか」とも思います。よく人間は神の子で、神様の命《いのち》の分身だと教えて頂いてます。でも神様の分身だったら、レッスンとかしなくて、ただ光輝いていればいいはずなのに、こうやって現象世界に生まれてきて、楽しい事ばかりじゃなくてきつい事もいっぱいあるし……どうしてこういうレッスンをうけるんだろうかと……

清超　そうですか。あなたはいつから生長の家をお知りになったの？

J　生まれた時からです。

清超　生まれた時から？　素晴らしいね。それは、「神様はどうしているのか」というふうに〝神様〟という言葉を使わなくてもいいんだよ。無くてもいいじゃないかというなら〝無〟と言ってもいいんですよ。それは何と言っても構わない。日本では、神様という言葉の語源に、「隠り身《かくりみ》」という意味があるんだね。隠り身というのは、隠れている身といって、肉眼には見えない隠れているものというので隠り身。それから火水《かみ》というのがあるでしょう？　これは陰と陽、陽と陰を表しております。この世の中には法則があって、陰と陽との結びつきがあるね。陰電気と陽電気、陰極と陽極というのもあって、それで地球でも陰極陽極がある。そういうふうに、その間の結びで全てのものが創《つく》り出されている、その根源の法則という意味がありますね。

だから神は法則であるというふうにも言える。それから、命はそういうところから出てくるから、雌《め》しべと雄《お》しべの結びつきからでも出てくるでしょう？　だから命のことを言いますね。神というのは大生命と言い換えてもよろしい。神は大生命である。無くてもいいじゃないかと言うなら、無でもよろしい。

しかしこの現実世界は、その神様の世界そのものじゃない。私達が肉眼で見るからこういう姿に見えるんですよね。肉眼というのは人間の使う仮の道具ですから、その道具で見たとおりが本当にあるわけじゃない。「あるもの」、無なら無でもいいし生命でもよろしいが、「生命そのもの」は見えないけれど、それを我々が仮に感覚器官で探ると、心臓の鼓動やあるいは脳波というようなものにして、おぼろげながら感じ取ることができる。けれど本物はそれよりもっと素晴らしいんだという事を私達は知っているんです。本当は知っているから、それを具体的に、現実的に表現したいわけですね。自分の中にある愛とか知恵とか生命を。その表現する時が喜びだから、「ある」というだけじゃつまらないし、「無」だけでもあまりおもしろくないでしょう? だからその「ある」ものを表現して楽しむわけです。つまり人生は楽しんで実演している「人生芝居」ですよ、世の中のいろんな出来事は。

J　勿論《もちろん》、生きていたらいい事も嬉しいと思う事もあるし、生長の家に来たら讃嘆されてすごく嬉しいなと思う事もあります。でも何も無かったら無くてもいいんじゃないかとも思います。だから生命というものがどうして存在するんだろうと……それは、実は答えなんか無いのかもしれないんですが、清超先生はどのようにお考えですか？　でも実際生きているものは生きているし、あるものはあるし……

清超　あるものはあるんで、無いものは無いんです。その通りですよ。それでいいならそれでいいじゃないですか。あなたがそうやって質問するのは、何かを知りたいからでしょう？そうじゃないの？

J　知りたいから質問しているんだと思うんですが……

清超　だから知りたいということは、やっぱり探求しているわけでしょう？

J　そう思います。

清超　探求している。それが行き詰まるとやっぱりおもしろくないわけだよね。探求していたものが、うまくその通り現れてくると嬉しいわけですよ。それで探求していく学問とか、芸術とか、何とかというものが、だんだん表現されていくわけです。だからあなたも表現の人生を楽しんでいるわけですよ。それが行き詰まると、苦しみ悩みというのはもっと何とか方法があるはずだ、もっとうまく表現できるはずだというので、それを勉強したり探求したりするわけだね。ごく自然にそうなっていくんですから、それをそのまま「ああ、これは素晴らしい人生だ」と受け取ればいいわけで、それ以外にいろいろ悩んで苦しんでもあまり足しにはならんですね。

J　はっきり言って考えるだけ無駄なんですね。

清超　考えて、そしてそれを探求するんでしょう?

J　悪いものが現れてくれれば良くなるように努力します。私が疑問に思っているのは……

清超　あなたは疑問に思っていることを片づけようとしている、つまり何かを探求しようとしているんでしょう?　だからそれでいいじゃない。それをやっていけば自然にあなたの、その実相の姿が出て来るわけですよ。

J　だからその実相の姿というのが、どうしてあるのか分からないんです。

清超　ただあるというのはあるんですよ。どうしてもこうしてもない。ただ、ただ、ただあるんだからしようがないじゃない。

J　分かりました。ありがとうございます。

● 将来の結婚相手について

K（女）　将来の旦那様になるような方が、生長の家とはまるで逆の否定的な考え方や、時代錯誤のような古い考え方であった場合も、外界は全て自分の内界の投影という事で、悪いものは単に消えていく姿として、自分の心境が高くなっていくチャンスと思って、相手を拝んでいけばいいのでしょうか。

清超　あなたはまだ結婚していないんですか？

K　はい。

清超　結婚の相手がちょっと悲観的な、暗黒思想的な事を仰るというわけですね。

K　はい。

清超　それを立ててあげたらいいかというんですか？

K　現象はないという事で、こちらが心境を高めていけば自然に……

清超　あのね、現象なしという事は、それは「実在じゃない」という事です。現象界というのはすべて芝居の舞台みたいなもので、心で作った筋書きがそこに展開しているわけですから、無いと言ったって仮に作られているわけです。芝居の舞台でもそうでしょう？　本当の事じゃないんだけれども、それが芝居として作られて展開している。だから何を言ってもいいというわけじゃないし、ムスッとしている人をナイと否定する必要もないし、人殺しをした人を裁判官は許さなきゃならんという事もないですね。その現象の姿そのまま「そういう役割をしているのである」と判断したらいい。

けれどまだ結婚していない時は、その青年なら青年はあなたの夫じゃないですからね。夫婦でない場合は、男の人の言う事の全てを女の人が聞いてあげていたら大変ですよ。いろんな人に誘惑されたり説得されたりして、「そうでございますか、そのとおりでございますね」と言っていたらたまらないでしょ。だから反対意見があったらどんどん言ったらいいし、要するに、夫婦でない人の場合は、相手の言うことをその額面どおりに判断して、そしてその考えが間違っているなら間違っていると言ったらいいんですよ。言うとおりを聞かなければならないという事はないですね。それは相手の人がどんな地位の人であろうが、あなたが生長の家をだいぶやっておられるならば、「生長の家ではこういう考え方を持つ。私はこっちの方がいい」とか、「明るい心を持って光明面を見ていく生活がしたい」というふうに仰ればいいのです。そういういろいろな会話の中からあなたや彼の魂が成長していくわけです。皆成長していくんですが、成長の速度が速い場合と遅い場合がある。間違った行動をして、自分の意志もはっきり言わないで、何だか惹かれていくという場合よりも、むしろはっきりした自分の意志表示の方が成長度が高いと言えるわけですね。

もしあなたが本当に将来結婚しようと思っているなら、ある程度のおつき合いをしても構わないけれどもね。男性にもいろんな男性がおりますからね。似たもの夫婦という話をしたけれども、それは夫婦になった時の話で、夫婦になっていない人は似たもの夫婦というわけにはいかない。その辺をよく判断してね。人生修行のためなら何をしてもいいというわけにはいかないです。それは全てが体験になるから、皆いろんな体験を積んでいくという事をしているわけです。生長の家の信仰をしているからそうなるというわけじゃない体験もいくらでもあるからね。信仰に入らないでも、ある種の悩みを背負って苦労しながら、「やっぱり自分のやり方は間違っていた」という結論に達するという修行のやり方もありますね。しかし私達がお伝えしようとしているのは、もっとも楽しく、明るく、そしてスムーズに魂を成長させていく、即ち神様から与えられている神性・仏性を現していく方法を、「それにはこうしたらいい」という話をしているわけですね。だからあなたは無理しないでいいですよ。そんな暗い人と一緒にならなきゃならん事はない。その人との事は誰かに勧められているの？

K　上司の紹介ですが、私はとても好きです。

清超　好きだという事と夫婦になっていくというのとはまた違いましてね。好きなだけで相手の言うことを聞くというわけにはいかない場合がたくさんある。夫と妻との間とは違いますからね。もうちょっと冷静に考えて、そして将来の夫として相応《ふさわ》しいかどうかということを見極めた方がよさそうですね、あなたの場合は。「修行のため」なんて考えない方がいいよ。相手があなたと結婚しようと言っているわけですか？　そうでもないんですか？

K　婚約をしましたが、彼に「否定的より明るくするように」という事を言ったら、彼の悪い部分も私が全部包み込むような気持ちになれば考えると仰いました。今は向こうから破棄したいという事になっています。

清超　あーそれなら破棄した方がいいですよ。あなたはまだ若いんでしょう？　これからいくらでもいい話が出て来ますよ。結婚というのは一生の大事ですから、本当に気に入った人だと思う人と一緒になるのがよろしいね。上司が紹介したってなんだって構わないですよ。上司というのは結婚についてはなんていうこともない人ですからね。破棄したいというなら破棄したっていいんじゃないですか。はっきりした方がいいですよ。

K　ありがとうございます。

●親の水子について

M（男）親に水子が三人いると聞きました。

清超　お母さんにあるんですか？

M　はい。それで、家ではどのように水子の供養をしてから練成会を通して宇治に送った方がいいのか教えて下さい。

清超　水子供養をしたいというんですか？

M　はい。

清超　水子供養はこの総本山でもしてくれるね。その供養の仕方はどうぞよく聞いてみて下さい。

M　家では仏前で声をかけて、それから練成会に持って行って宇治に送った方がいいのか、宇治の霊宮聖使命に入れて家でやった方がいいのか、どちらでしょうか？

清超　どちらが先がいいのかという事？

M　はい。

清超　これは荒地さん、どうしたらいいの？　ちょっと教えて下さい。

荒地　お家では、お父さんお母さんはその水子さんを供養されているんですか？

M　お父さんが霊界に逝《い》った後に母親から聞いてショックを受けました。細かく聞いてみたら、私は兄と腹違いで、兄のお母さんも亡くなっています。

荒地　お母さんもお亡くなりになられたの？

M　いいえ、自分の母は生きていて元気ですが、兄のお母さんは亡くなってるので、毎月の練成では一緒に霊牌を出しているんです。

荒地　それでは練成会の先祖供養の時に、水子の方三名のお名前を自分でつけられてお祀《まつ》りされているんですね。

M　はい。

荒地　その練成会で供養された霊牌は、練成が終わった後に宇治の宝蔵神社に納められて、更にまた一年間お祀りされていると思います。ですからそれでよろしいんじゃないでしょうか。もしご自分の家でとなったら、お母さんとよく相談されて、そしてご仏壇なりに水子の三名の方のお名前を記された霊牌等で、お母さんと一緒に真心を込めてご供養されたらよろしいと思います。大丈夫ですよ。

M　はい。どうもありがとうございました。

7 自然治癒力

●『新編聖光録』の中の「教育ニ関スル勅語」について

S（男）『新編聖光録』の中に「教育ニ関スル勅語」というのがあります。先日、ある相愛会誌友会に行きました時に、教育の問題で、いま青少年が非常に混乱しているので、「学校教育でこういう教育勅語を取り入れたらいいんですよ」と、講師でありますからお話をしました。

清超 あなたがですね？

S　はい、そうです。そうしたら五人ほどいた男性の中の一人が、「生長の家はそういう右翼的なものもあるんでしょうか？」と質問しました。それで私は、谷口大聖師は〝必携《ひつけい》の書・聖光録〟ということで皆さん持って下さいと、テープ各所に出ていますので、「これは間違いないものです」と申し上げました。「こういう事をとかく忘れがちであるから、教育が荒《すさ》んでいるんだ」という意味を言わせて頂きました。これでよろしいでしょうか？

清超　大体よろしいようですが、「右翼的」というところを肯定されると具合が悪いので、「生長の家」はどちらにも属さないところの普遍的な真理をお伝えしているわけであるから、この内容が素晴らしいのであって、「教育勅語を今すぐ学校教育に採用せよ」というような、そういう運動をしているんではありませんという事は、誤解を防ぐために言っておく必要がありますね。内容が素晴らしいんですね。昔の印象の強い方は、今そういう事を言っているのは右翼だというけども、右翼だけが必ずしもこういう事を言っているのではない。そこのところの誤解があると具合が悪いですからね。

S　はい、ありがとうございます。

●癌の告知について

Ｉ（男）癌の告知の問題について教えて頂きたいと思います。

清超　そうですか。難しい問題らしいね。

Ｉ　『続々甘露の法雨』の中に、『されば黴菌性《ばいきんせい》の病患者にも「汝に病菌寄生せり」と告ぐること勿《なか》れ。「病菌なし」と告ぐれば言葉の力にて患者は安心し、安心は心の調和を生じ、心の調和は肉体の炎症を克復し、炎症なき肉体には病菌も寄生し難《がた》きに至《いた》るべし。』というふうにご教授いただいていますが……

清超　毛虫の話が書いてあって、蚯蚓《みみず》腫《ば》れの所を想像して……

『其処《そこ》に黴菌ありと知らさるれば黴菌なくとも炎症を生じ、其処に黴菌なしと知らさるれば、炎症は忽《たちま》ち消えて黴菌の生育に不適当なる状態を生ずべし。されば黴菌性の病患者にも「汝に病菌寄生せり」と告ぐること勿れ。「病菌なし」と告ぐれば言葉の力にて患者は安心し、安心は心の調和を生じ、心の調和は肉体の炎症を克復し、炎症なき肉体には病菌も寄生し難きに至るべし。』

　これは一つの例として書いてあるんですね。

― はい。それで私としては、これはやはり癌のような場合には、病名を本人に告知しない方がいいのでないかというご指導というふうに受け取っておったのです。しかし最近出版されました『光が闇を消す如く』の二十八頁あたりからの『よく癌の診断をうけた場合でも、患者本人には知らさないで……』を読むと、告知した方がいいというご指導をされています。私は地方講師をしておりまして、信徒さんからこういう質問を受けた場合は、『続々甘露の法雨』の解釈をどういうふうにお伝えすればいいのでしょうか。

清超　なかなか難しい問題ですね。これは一般的な例題として書いてあるので、いつでも毛虫がはっていても「いない」と言えという教えではない。過敏な皮膚には蚯蚓腫《みみずば》れを生ずることもあるから、「毛虫無し」と聴かされると、その毛虫の腫《は》れは立所《たちどころ》に消散《きえう》せん。消散するだろうという、そういう分かりやすい一つの例として書いてあり、その続きとして、其処《そこ》に黴菌はないよと言われたら炎症は治る、病患部もよくなるというような事ですね。これはお医者さんが患者さんに言うように書いてあるんじゃないんですよ。蚊《か》に刺されたと言って

「痒《かゆ》い痒《かゆ》い」と言っているけども、実は汗疹《あせも》だったという事もあるからね。だからそういうような一般的な民間人、普通の人々の誰でもが分かりやすい一例として書かれているだけです。聖経には心霊実験の例も出てくるが、心霊実験をやれという話ではないのです。だからこういう例証の場合は、それを癌にまで及ぼして、お医者さんの発言とせよということではない。お医者さんの発言はカルテにそう書くという事にもつながるから、そういうふうなところまで及ぼさない方がよろしいね。

そしてまた癌というのは病菌性じゃないんですよ。菌がついて癌になるというのは極めて珍しいので、菌じゃなくて、刺激的物質の……例えば肺癌なんかでは、煙草をのむ人には四、五倍ほど増えると言われているけれども、それは確率として増えるわけで、それは煙草の中の発癌物質が、化学反応を起こす物質だから黴菌性の菌とかというものと違います。これらをみな一緒にしてしまう必要はないですね。だからそういう発癌性のものは避けた方がいい。それをしきりに吸いながら、「吸ってない、吸ってない」と言うわけにもいかない。それから、そういう発癌性物質は無いよと言うわけにもいかないね。それはあるから、そういうものはやめた方がいいよとか、少なくした方がいいよとか、そういう忠告は当り前の常識でありまして、そういう不自然な事をやってウソをいうのが正しい宗教だというわけじゃない。『自然流通《じねんるつう》の神示』の中にもありましたように、そういう不自然な、事実と違う事を信じ込ませるとそれが奇蹟をもたらすだろうというわけで、病気治しをするんじゃないんです。当り前の生活をし、感謝の生活を送るという事が大切ですね。だから「発癌性の物をなるべく摂《と》るな」というような事を言うのは当り前のことです。

昔はいっぺん癌に罹《かか》ったら治らないと思われて、死病だと言われていたんだけれども、それはそうではないという事がだんだん分かってきて、一番大切なのは「自然治癒力」である。いずれにしても自然治癒力にまさるものはないということが次第に明らかになりつつあるのが、まあ二十世紀から二十一世紀へ移ろうとする現在の情勢ですね。そういう意味で癌だというのが本当かどうか。「癌だろう」と言うのと「癌だ」と言うのとはだいぶ違うんですね。人によっては医者に「癌かもしれん」とか「癌らしい」と言われたら、癌だと思っちゃって、癌は治らないと、又そこから変なふうに続けて考えたりするから、癌だという以上は、体験発表の時もそうですけれども、地方講師の方であるなら、癌だという時は、どこそこの病院でどういうふうに検査されてそう言われたかもハッキリさせた方がよい。そしてそういう診断を受けたという事を言ったときに、初めて癌と思ったらいいので、それでも治るんですからね……治る事はあるし治らん事もある。それは何でもそうです。治る治らないは、それ以後の自然治癒力の働きの如何《いかん》によるんですから。だからその自然治癒力がよく出てくるように、癌だけれどもまず感謝や和解の生活が必要だとか、それから、その癌はいくらでも治る可能性のあるものであるから、癌と早期に分かり、手術して治すこともできるし、手術がもう不可能だという場合でも、治った実例はあると、これはこういうふうにしてどこそこの病院で言われたんであるけれども、こういうふうにしてよくなっていったとか……かつて大学病院で梅毒だと言われた人が、梅毒というのは菌だがね、スピロヘータとかいうのが陽性だと言われた人が練成会で体験をいわれた。生長の家に入って、感謝の生活をして、一所懸命で伝道していたら消えていたといって、大学病院の同じお医者さんが診てびっくりしたという話を発表された方がおったが、そういう実例などいろいろある。だから病名を聞いたからといって、あるいはそれを告げられたからと言って、びっくりしたらいけないという事は大いに強調したらよろしいけれども、隠しておかなきゃいけないという事はないですよ。隠しておくという事になると、隠しているお医者さんは誰かに言わなきゃならない。あるいはカルテに書かなきゃならんしね。そうすると、その本当の病名が知りたいという人に知らせない事になってしまう。そういう事は許されないようになっていますね。またそれが本当の医療のあり方なんですから、法律に従った医療のあり方を妨げるような事を宗教団体がやるというのはどうしたものか。生長の家ではやっていない。だから隠さなければいけないという事はないし、かえって言った方がよろしい。そして、癌は治らないという一つの固定観念を取り去るように指導してあげるとよろしいですね。

I　ありがとうございました。

●夫がパーキンソン病に。難病認定を受けるべきか

T（女）　六十六歳の夫が歩行が困難になり、目の表情がなくなり、笑いが消えてきたりしたものですから、「あなたに病気で倒れられても、今は優しくできないから病院に行って下さい」とお願いしました。内臓系はとても元気で、ちょっと風邪をひいたと言っては飛んで行くので、病院の先生から「何か健康法をやっていますか？」と言われていたんです。それ

で、病院で脳の検査をして欲しいとお願いしたんです。

清超 あなたがお願いした？

T はい。そうしたら脳に異常はなくて、病院の先生に症状を聞きましたら、パーキンソン病という難病だそうで、脳から運動神経にいくホルモンが出ないらしいんです。

清超 何という病院で言われたんですか？

T 埼玉の共済病院です。

清超 共済病院の内科に行ったのね。

T はい。そうしましたら、もう全部パーキンソンの条件が揃ってますと言われたんですね。それまで主人もちょっと精神的に不安定だったんですけど、病名をつけられたうえに、病気の進行は止めることはできるけど、治らないと言われたんです。それからプールに行ったり、歩く事を一所懸命始めました。

清超 それはいいことですね。

T そうしましたら神癒祈願に出して欲しいというので出しました。それで「生長の家は病気が治るか？」と言うから、治る治らないの所でない、心が楽になるからというと、河口湖の練成を三泊四日受けてくれました。こういう雰囲気は好きなんですね。でも『甘露の法雨』を読んだり、正座したりするのが苦手なんです。

清超 そうですか。正座しなくてもいいし、どこで読んでもいいですからね。

T それで初めて『甘露の法雨』を部屋で読んだそうです。

清超 部屋というのは、どこのですか？

T 自分の、個室です。

清超 病院にいらっしゃるの？

T いいえ、練成中に。そうしましたら、皆さんが「とても表情がよくなりましたね」と仰いました。それから薬を一ヵ月飲みましてから病院に行きましたら、パーキンソン病は難病なので医療費が安くなるから、認定を出してあげましょうと言われたんです。私は、日頃「病《やまい》はない」と言われてますし、主人も手が悪いわけでもない、足が悪いわけでもない、だから病気じゃないんだから大丈夫だと応援はしているんですけど……

清超 それを仰ったのは誰ですか？

T 私が主人を応援して、励ましているんです。けれど認定をしていただくということは病気を認める事になるから……歩くのも、一緒に歩けないくらい遅かった人が、最近はハッと気が付くと横で歩いているんですね。

清超 おー、よかったですね、素晴らしいね。

T それで、目も少し生き生きしてきた表情が見られますし、ここへ来る四、五日前は声も少し弱かったんですが、声にも元気が出て来たような気がします。

清超 それはいいね、素晴らしいね。それを続けられるとよろしいね。

T 認定を受けた方がいいのかなと思ってますが、受ければ認める事になるかなと、ちょっと引っ掛かっております。

清超 受けなくても心では認めているわけですから、受けたら認める、受けなかったら認めないと、そういう事じゃないですよ。だからそれは受けたらいいですよ。何か補助が出るんでしょう?

T そうなんですって。

清超 だから、それはそうした方が経済的にも楽ですから。しかし今の信仰生活の方はずっと続けていかれると、必ずしもそれは治らないという事はないですから、今の医学では治る方法が見つからないというだけですからね。人間の体にはもの凄い復活力、自然治癒力がありまして、そして今までは脳の神経がいっぺん壊れたらだめだといわれたのが、最近は医学的にもまた新しくできるといわれ出した。だから老人になってもまた勉強したら、そのまま新しい細胞ができるという事が分かってきつつあるわけですね。医学というのはまだまだ進歩する段階ですから、今までは治すことができなかったといっても、それであきらめる必要はないのです。どういう名前が付けられてどういう認定がされても、それはよくなっていくものですよ。

T　はい。どうもありがとうございます。

8　本当の姿

●幼児期から父親に縁がない

t（女）幼い時から父親に縁がありません。

清超　縁がない？　あなたはお父さんがあって生まれたんだと思うんですが……

t　物心ついた時には病にかかっていて、中学一年の時に父と死に別れました。結婚してからの舅《しゅうと》は、賭事《かけごと》の借金を残して蒸発しました。そして主人は、子供に対しての愛情が無いんです。

清超　子供さんは何人いらっしゃるの？

t　三人です。私には父性愛というのがあまりよく分からないんです。

清超　父親、父性、皆これは素晴らしいんですね。子供を愛しているんだけれども、その愛を表現するのが、男性はどうも苦手なところがありましてね、ことに日本の男性は。そういう点で愛情を形に表さない、口に表さないというところがありまして、奥さん方に非常に迷惑を掛けております。そういう傾向がある、それで何ですか？

t　その父性愛というのがどういう事をいうのか分からないんです。

清超　そうかね。ご主人に聞いてごらんなさい。

t　主人を見ても、やはり子供に全然愛情をかけていなかったんです。

清超　それはご主人だけが悪いというよりも、もっと広く考えないといけない。だいたい夫婦というのは似た者同士が夫婦になるので、全然正反対の者が夫婦になる事はないんですね。月とすっぽんという事はないですから。すっぽんはすっぽん同士ですからね（笑）。だからご主人とかお父さんを、欠陥人間のように思われると間違いです。愛情なら愛情、智慧《ちえ》なら智慧が隠れているだけです。言葉なんかも隠されているところが多いですね。だからあなたは、「素晴らしいご主人だ」という感謝の心を持つように、毎日神想観をして、夫の神性・仏性を拝んで下さい。だいたい生長の家は、「ハイ・ニコ・ポン」という事を、小さい時から教えるんだが、あなたはそれをやっていますか？

そういうところをおやりになる事から始めると、「夫は私を愛していたんだ」とか、「子供を愛していたんだ」という事がよく分かってきますがね。小さい事でも、夫の仰る事を素直にやるとか、明るく愛情を表現するとかね。相手に求めるよりも、先ず自分がそれをやると、相手にそれが出てくるという事になるもので、

「相手がやってくれたらこっちもやる」

というのでは、なかなか出て来ませんね。やってごらんなさいよ。僅《わず》かな事でも、気持ちよく返事をしたり、行動を起こして、ご主人が帰って来たら喜んで飛びつくぐらいの行動をする。男性を何か恐ろしいように思っていらっしゃるかもしれないけど、決してそんな事はありません。

t　ありがとうございました。

●心臓が悪く何もできない

K（女）私は心臓が悪くていつもハラハラしています。それで何も動けないんです。

清超　よく動いているじゃないですか。

K　家の中では、すぐ身体を横にしてしまうんです。

清超　お医者さんから何と言われました？

K　虚血性心臓病と言われました。

清超　虚血性心臓病？　血液がうまく心臓に行かないというんですか？

K　はい、そうです。

清超　心臓に行く血管が塞《ふさ》がっているとか細くなっているとか言われたんですか？

K　それをしないで病院から逃げて来たんです。

清超　それをしないでとは、そう言われないうちに逃げて来たんですか？

K　そうです。「退院します」と言ったら、「あなたは虚血性心臓病があるから、いろいろ検査をしなければいけない」と言われました。

清超　何の検査?

K　カテーテルとか、腿《もも》のところから血管を通して造影剤を入れてする検査を、やめて出て来ましたが、やっぱり心臓がドキドキ、ハラハラしてきついので、すぐ横になるわけです。生長の家の行はあまりしていないですが、今からするとしたら何をしたらいいでしょうか? 夫に対して何十年も、ヒステリーになる程イライラして、憎しみ恨みを持って来たのでこうなったのかなと思っています。

清超　ご主人のどういうところから恨みを持つようになったんですか?

K　何となく不正直なんです。たとえば土曜日とか日曜日とか遊びに行く時は、朝は六時半に家を出て行って、夜中の二時とか四時まで、どこへ行ったか分からないんです。

清超　そうですか。それはお気の毒な事ですけれどもね。そういう時も、夫婦仲良くしておかないと、心臓も上手《うま》くいかないね。心臓というのは愛情を表す道具でもありまして、静脈と動脈の夫婦の関係が、上手く息が合って、愛情が満たされていると、心臓の方も自然にうまく働くようになるんですね。だからご主人がよそよそしい様な感じであるのは、やっぱりあなたの方から、気が付いた方から、愛情表現をやっていかないとね。気が付かない方に「気が付け」と言ってもなかなか気が付きませんから。早く気が付いた方が、結局いいんですよ。気が付いた方が先手を取るわけだからよろしいね。

〝先手必勝〟といいまして、碁《ご》でも将棋《しょうぎ》でも、先に気が付いた方が先手を打っていくと、相手もそれに答えてくれるという事になって、それで結局いい結果になるんだから、やっぱりあなたの方から愛情を表現して、感謝の言葉を述べるとよい。夫が帰って来たら、遅くても「お帰りなさい」と言って優しく迎えるというような事をおやりになるとよろしいね。

それと、これから生長の家をやろうというのですから、教化部長さんに一つ指導してもらわないとね。教化部長さんの仰る事をよく聞いて、まず最初にどういうふうな事をやったらいいのかをきくとよろしい。

吉倉　ありがとうございます。総裁先生が仰った事をそのまま実行なさったら大変いいと思います。何をしたらいいかと仰いましたが、それは「三正行」と教えられていますから、神想観をし、聖経を読み、そして愛行をするという事ですね。後は私の部屋まで来て頂きましたら詳しくご指導させて頂きます。

K　分かりました。ありがとうございました。

清超　そうですか。皆さん素晴らしいですね。話すとちゃんと分かるもんね。

●『新編聖光録』の「蓮華日宝王地観」について

TS（女）　蓮華日宝王地観《れんげにつぽうおうじかん》の中の『吾れ観世音菩薩、五蘊皆空《ごうんかいくう》と照見《しょうけん》し、一切の苦厄《くやく》を度《ど》す』というところを、誌友会で一般の人にも分かりやすく説明するには、どの様に話したらいいのでしょうか。

清超　何と、難しい事を仰いますね。蓮華日宝王地観は『新編聖光録』の一〇九頁に……『吾れ、今、五官の世界を去って、普《あまね》く吾が全身を観ずるに、この身このまま観世音菩薩なり』

これは、最初の方は「五官の世界を去って実相の世界に入る」というのと同じですね。普く吾が全身を観ずるに、自分はこの身このままで観世音菩薩である。『吾れ観世音菩薩、五蘊皆空と照見し』

私は観世音菩薩である。「五蘊皆空」は観音経にある五蘊皆空。五蘊というのは色・受・想・行・識の五つの現象ですね。〝色〟というのは物質的な現象の事を言いますね。〝受〟というのは、感受するとかという事ですね。感覚器官、物質的な現象の感覚。〝想〟は心の想い。〝行〟は行い。〝識〟は心の高級な働きです。これはみんな「皆空」である。悉《ことごと》く空である。あるように見えても、本当にあるのではないという事ですね。物質なし、肉体なし、感覚もなし、心の想い、行い、それらも本当の実在ではない。

無とか空というのは何も無いという事ではなくて、それは本物ではない。本物の素晴らしい神様の世界、仏の世界があるんだけれども、物質現象というのは、それを一部分だけぼんやりと映し出しているのです。丁度障子に映った影みたいに、本物は向こうにあって障子で見えない。障子にはその影が映っているから、本物は素晴らしく立派なものでも、影になっているとのっぺらぼうでぼんやりして、現れたり消えたりする。光が射している時は影が映る。それが物質現象。感覚の声が聞こえるとか聞こえないとかというような事ですよ。その人の行いや動き等も全て本物の方が完全でも、影には不完全な物が映っているから、影の方は無いんだ。「五蘊皆空」は、本当は空であり無であるという事を照らし見ると書いてます

ね。「照見」というのは真実を見通す事を言います。智慧の光で見るわけですね。「物質はない、肉体はない」と見通して、

『一切の苦厄を度す』

一切の苦しみ、悩み、そんなものを自分は観世音菩薩であるからすくい取るのである。それでその内容が書いてあるわけです。

『物質はない、物質はない、物質はない……

肉体はない、肉体はない、肉体はない……

心もない、心もない、心もない……

（と斯《こ》う繰返し念じて）』

そして、

『（五蘊上に浮ぶ）』

現象界に浮かぶところの、

『（迷妄世界すべてを否定し去ります。物質も、肉体も、心も、そして斯《か》く観ずる心も）』

「斯く観ずる心」ですね。それをまた思う様な、そういう心もないと。

『（悉《ことごと》く空じ去って了《しま》った心境に到達してから）

虚空中に宇宙大の大日輪浮ぶ』

それでその実相世界をそういうふうに観るわけですね。心の中で。虚空の中に全てのものがないその奥に宇宙大の大日輪が浮かぶ。

『光明遍照《こうみょうへんじょう》実相世界ここなり』

それが本当の世界だというふうに神想観の中で観るのです。

『（と念じ大日輪が宇宙一杯に充満せる有様を観じ更にその大日輪中に千葉《せんよう》の）』

千の花びらをもった蓮華の花が開いている姿を浮かべる。大日輪の中にね。そして、

『ここ蓮華蔵《れんげぞう》世界なり』

この大日輪というのは即ち蓮華蔵世界ともいうんですね。実相世界の事です。

『（と念じて、その花の中心上に観世音菩薩の坐っている姿を心に描き）』

本当の世界を蓮華の花と仮に見立てまして、その中心に観世音菩薩の坐っている姿を心に描く。

『この菩薩は自分自身なり』

しかもそれは自分から遠いところにあるんじゃなくて、それは自分自身であるというふうに観じて、静かに呼吸をする。

『大日輪の智慧吾れに流れ入る、流れ入る……

大日輪の愛吾れに流れ入る、流れ入る……

大日輪の生命吾れに流れ入る、流れ入る……

吾れ大日輪の智慧なり。吾れ大日輪の愛なり。吾れ大日輪の生命なり。

一切のもの吾れに備わり、意《こころ》に随って集り来たり、用足りて自から去る』

無限供給を観ずる訳ですね。「意に随って集り来たり、用足りて自から去る」。集まって来るばかりでは駄目なんです。いらなくなったら去っていく訳ですよ。去っていく事も必要なんですね。来る事ばかり考えないで、去る事も考えないと。だから人間は生まれても来るが去っても行く。そういうふうに物質世界というものは、やって来たり去って行ったりする。心のままであるという事ですね。繰り返し念ずるという事、基本的神想観の応用的神想観の一つでありますね。以上の解説でよろしゅうございますか?

TS　ありがとうございます。

9　み心に添う生活

●息子が書いた原爆の感想文に戸惑う

O（女）　私には中学二年生の息子がおります。たいへん素直で優しくて、昨年も中学の練成会に参加して、いろいろと勉強させて頂いて感動して帰って来ました。その息子が二日程前の社会の授業で、原爆の体験談を話してもらったと言いました。

清超　誰が話したんですか？　先生ですか？

O　原爆の体験をされた方のお話を聞いたそうです。それでその体験談について感想を書きなさいと言われたそうで、何て書いたのか聞いたら、「原爆を落としてもらってよかった。そうしないと日本の戦争は終わらなかったんだ。だからそれはよかったんだ」という事を書いたと言いました。他のほとんどの人は、個人的にたいへん悲惨であったから落とすべきではなかったというふうに書いたといいます。けれども息子は、落としてもらってよかった。おかげさまで、という感じで書いたと言うんです。私は正直いって絶句しました。

清超 それは男の子ですか？

O はい。

清超 あなたのお子さんは何人あるの？

O 下に小学校二年生の男の子がおります。

清超 お二人の男の子ですか。ご主人さんはご健在なんですね。

O はい、仲良くしております。私の両親もおります。

清超 一緒に住んでいらっしゃるんですか？

O はい。

清超 そうですか。いい家庭ですね。なかなかしっかりした息子さんじゃないですか。そういう考え方もあるんですよ。それは、原爆を落とさないでいた時に、日本は果たして降伏したかどうかという事は分かりませんからね。それでアメリカ軍が本土上陸をすると、そこでたいへんな決戦が行われて、たくさんの死傷者が出る。その死傷者の数と原爆で死傷された方の数をみると、どうなるかというのも分からないことでありますね。それで、ああいう時期にアメリカは原爆を落としたが、あるいは落とさないで、原爆云々のもっと前に戦争をやめるための方法がとられたらいいわけですね。もっといいことはいくらでもあるんですよ。一番いいのはその戦争をやらないことがいいんだけれどもね。そういうわけでいずれも相対的な問題でね。昭和天皇陛下は、原爆をつくるという話が国内であり、杉山さんがつくる研究をしていますと奏上したときに、天皇陛下が「そんなものを作ったらいけない」と言われて、「まずハワイに落とす」なんていう話をしたら、「そんなことをしたらいけない、世界に先立って日本がそういうものを使うなんていうことはよくない、やめなさい」と、二回ぐらいも言われたんですね。それで日本も原爆の研究を始めかけていたんだけれども、やめざるを得なかったということがありましたね。

そういうわけで、いいことはもっと遡《さかのぼ》ればいくらでもありうるけれども、その原爆によって、一部の人は犠牲になって大変お気の毒であったが、その犠牲で終戦に踏み切ることが出来てよかったという考えも一つあるんですよ。その考えは悪い事じゃないし、多くの人がそれに反対している中で、あなたの息子さんがそれを堂々と発表したということは、しっかりした息子さんだと思いますね。あなたは別に慌《あわ》てふためく必要はないから、戦争の無い世界が神様の世界であるという事を根本信念にすえて、生長の家の教えを、そういう中学生ぐらいの人にもどんどん伝えるようにして下さい。強いて咎《とが》める必要はありませんよ。

O　ありがとうございました。それは親として誇るべき事なんでしょうか？

清超　あなたの息子さんがそういうふうに育って来ているという事が、将来大いに見込みがあるということですね。

O　この事については、別にもう触れる必要もないですか？

清超　それはまあ一つの見解ですからね。お父さんはなんと仰ってるの？

O　その時主人はいなかったんですが、父が「それは個人的な感情をぬきにしたら、相対的な事であれば、正しい考え方かもしれない。ただ原爆にあった方《かた》の前では決して口にすべき事ではない」というふうなことは言っておりました。

清超　そういうお考えも立派でありますよ。あなたのお宅は立派な考えの方が中心にいらっしゃるから、大丈夫でありますね。

O　ありがとうございました。

●父母に感謝することが下手

T（女）父や母にちっとも感謝できなかったんですが、清超先生に質問しようと思っていると、父母のありがたさが少し分かりました。ですから清超先生に質問するということは、大変いいことだと思います。

清超　それはいいですね。カンカラを拾うのも、いいことの一つなんですから。

T　はい。それで質問なんですが、私の住んでいるアパートの階上の人は夜中賑やかで、とても眠れないものですから、谷口雅春先生の『希望の泉』のテープを一晩中かけて寝ているんです。それをもう一年も続けていますから、谷口雅春先生のテープを一年間潜在意識に頂戴していますので、とても元気がいいんですが、父母に感謝ということがまだちょっと下手なんです。『希望の泉』を聞き始めてだいぶ過ぎましたから、このテープが終わったら、今度は『真理の吟唱』を毎晩毎晩潜在意識に頂戴しようかと思っているんですが、よろしいでしょうか?

清超　それは結構ですね。どうぞ、何でもそういうふうに、どんどんいいことをやって下さい。

T　ありがとうございました。

●「母に感謝」するということが分かった

S（女）今日清超先生と握手をしましたら、今までの苦労がバーッとなくなって、今は本当に幸せです。これでいけるんじゃないかと思いました。私は養護学校を出ておりまして、今までは思ったことが言えなかったんです。それを悩んでいて、つねに母に対して責める気持ちがあったんです。何で自分ばかりこういうふうにならなければならないんだと思っていたんです。そうすると母は泣いていました。私は伝道などもしていましたが、今日清超先生のお話を聞いて、「母に感謝」ということが分かりました。

清超　足が悪かったんですか？

S　いいえ。知能指数がちょっと遅れて、自分の思ったことが言えなかったんです。

清超　それくらいはっきり言えたら、もう遅れを取り戻していらっしゃいますよ。

S　清超先生とお会いして、「私は出来るんだ」と思いました。これからは伝道もやって、それと同時に普及誌の数を増やしたいと思います。清超先生ありがとうございました。

清超　それは素晴らしいね。遅れていたというのは最初の頃で、もうすっかり取り戻しておられますから、素晴らしいですよ。人間はいろんな生き方がありまして、最初から猛スピードでトップを走る人もいるが、後からどんどん追い越していって遂にトップに立つというマラソン選手のような人もおりますからね。いろんなタイプがあるんですよ。心配ないです。

●食事後嘔吐する癖を治したい

I（女）　私は四年前の高校三年生の時から、食事をした後にどうしても吐きたくなってしまって、毎日食事をしたあと吐くようになりました。一回吐くと次は過食をしてまた吐くということを続けていました。四年間親にも相談せずにいましたが、今年の五月頃症状が悪くなったため、両親に相談をして、大好きだった仕事を辞めて河口湖の練成に来させていただきました。練成会中は吐くこともなくておいしくいただけてますが、どうしたらこういった症状が治るのか教えて下さい。よろしくお願いします。

清超 そうですか。お父さんお母さんの間に何人子供さんがいらっしゃるの？

― 三人です。

清超 あなたは生長の家をどういう理由から知られたんですか？

― 小学校二年生の時に初めて練成会に参加しました。それから今までずっと、毎年練成会があるたびに参加して、五月までは本部でお仕事をさせて頂いておりました。

清超 本部って、東京の？

― はい、そうです。

清超 それでお父さんお母さんも生長の家をやっておられたの？

― はい、そうです。

清超　今もやっておられるのね。

―　はい。

清超　それは、親に感謝していると、吐かなくてもみな飲み込んじゃうと思うんだけどね。何か気に入らない事でもあったんですか？

―　いいえ、特に深く思い当たる事はありません。

清超　そうですか。それなら当たり前に普通の状態でお食事をしておられたら、そんな吐くほど食べなくてすむでしょう？　この練成道場へ来たら、当たり前の食事が当たり前に出てくるから足りてるかもしれないが、そのくらいの生活を、ここで習って練習したような状態でお食事を頂いて下さい。そして最初に感謝して「神様のみ心に従った生活を致します」という意味の祈りをして毎日を明るく送っていけば、もう吐かなくなりますからね。

―　はい。

清超　お通じは毎回普通にあるんですか？

―　はい、大丈夫です。

清超　出るものが大丈夫なら、入るものも大丈夫です。

Ｉ　ありがとうございました。

●『生命の實相』の中に書かれている菜食主義について

t（男）菜食主義についての質問ですが、『生命の實相』の第一巻から第八巻までは二回くらい読んでいましたので、肉の中には殺された動物の害された時の精神波動が入っていて、体によくないという事は知っていたんですが、その後『生命の實相』の全読運動がきっかけでその先も読んでみようと思い、この前、第十一巻を読んでいたんです。その中に、

『もし「生長の家」の誌友にして肉食禁断のおこないが守られない人は絶対菜食に移る中間過程として、せめては精神力の発達が鈍く、したがって怒りや恨みや悲しみの感情も鈍く、それらの感情にともなう血液中の毒素の発生の比較的薄いところの小魚などに栄養を求めれれば、かえって他の肉食などよりも栄養も豊富であり、人類を毒する動物の恨みの精神波動を蒙《こうむ》ることも少なく、食餌《しょくじ》としてもふつうの肉食のごとく酸性食餌ではなく、アルカリ性の血液となり、精神も穏かに、しだいにこの地上を永久平和の神の国とする理想に近づいて

ゆくことができるのであります。』

とありました。『「生長の家」の誌友にして』とありましたので、私も生長の家の誌友ですから、ぜひそういう生活に入りたいと思ったんですが、普通の生活をしていますと、どうしても肉食が出てきまして、家で母に「菜食主義になる」と言いましたら、そんなのは作る人が大変でしょうがないと怒られました。私はまだ結婚していませんが、「お嫁さんをもらっても、そんなのは大変でしょうがない」と言われてしまったんです。どうしたらよろしいでしょうか。

清超　そこに書いてありますように、菜食主義にもいろいろありまして、まず魚などを食べる事はいい、牛乳とか卵はいいとか、バター・チーズもよろしいというような、非常に緩《ゆる》い菜食主義もありますね。魚も菜っ葉みたいなサカ菜《な》だという説があるんですね。それは痛覚が発達していないし、魚の蛋白は非常に体にも良いというので、肉食というのは四つ足獣の肉だけを言いそれを避けるという段階もあるね。それから魚も含めて卵と牛乳と乳製品だけは食べるが、それ以外は食べないという菜食もあるんですね。それからもっと違う種類では、牛肉だけは食べないとか、豚だけは食べないとか、信仰によってそういうのもあるんですね。だから練習の為にも、あるいは家庭内の平和の為にも、そういう緩い段階からやれば出来ますがね。あなたがご自分の家庭を作ってからにしても構わないですよ。朝食だけは肉的なものを抜きにするというようなやり方もあります。いろいろありますから、一言一句、絶対菜食というような意味にとらないでやっていかれたらいいでしょうね。

t　分かりました。ありがとうございます。

10　愛の聖経読誦

●母に霊が憑いてしまった

A（女）　二週間ほど前に、裏に住んでいる息子の同級生の女の子から電話が掛かってきて、お母さんがちょっとおかしいから来てくれと言うんです。そこは母一人、子一人の家庭なんです。

清超　何歳くらいの子ですか？

A　高校一年生です。それで私が聖経を持って行ったら、お母さんが「殺す」とか何とか言うと言うんです。

清超　お母さんが彼女を殺すと言うんですか？

A　はい。それがお昼にお墓に行ってから、おかしくなったそうで、私が行ったら、お母さんは顔も声も違っていて普通に歩けないんです。それで女の子に「聖経持っておいで」と言って、二人で聖経を誦《あ》げたんです。

清超　二人というのは、あなたとその女の子とがですね。

A　はい。そしてお母さんが「何するの？」と言ったけど、とにかく「あなたはそこに座っていなさい」と言って、聖経で背中をなでて、招神歌を唱えて、「住吉大神様、住吉大神様……」と言って『甘露の法雨』を誦げたんです。声も違っていておかしかったので、憑《つ》いてる霊にも誦げた方がいいと思って、お母さんに憑いている霊に、「あなたに真心を込めて、私とこの娘《こ》と二人で聖経を誦げます」と言って『天使の言葉』まで誦げると、夜中の十二時になっていましたが、それから総本山に神癒祈願をお願いしました。それで『天使の言葉』まで誦げ終わった時、そのお母さんは普通の状態に戻られたんです。今日、本当は「ここにも来る」といっていましたが、台風でちょっと来られなかったんです。その人はそんなふうになったのが二回目だそうで、本人も「またこんなふうになったら恐ろしい」と言ったので、私は「神様の方を向いて神の子・人間を信じていれば大丈夫」と言ったんです。

私にはその憑いている霊はどなたか分かりませんが、「総本山では素晴らしいお経も誦がっていますし、そちらへ行って悟りを開いて下さい」とお願いしたんですが、そのようにお願いしてよかったんでしょうか？　それと、その人は「憑きやすい」という事を心配していましたが、どういう事を言ってあげたらいいのでしょうか？

清超　そうですか。それはいい人助けをなさいましたね。総本山にはどなたが来てもいいんでありますね。あなたが連れて来られてもよろしい。それは光に対して闇が消されるということでもあり、だからとてもいいんですね。ただ総本山に来るという事は、初めての人にはちょっと億劫《おっくう》になる事もあるでしょうね。だからそういう方には、「是非『甘露の法雨』をお読みなさい」「お仏壇あるいは神棚をこしらえて、毎日その御祖先への礼拝をしなさい」「これらはとてもいいことだから」ということを教えてあげて、そして『甘露の法雨』を、最初は全部読まなくても、とにかく一部でもいいから読みなさい。時間も、どんな時間でもよろしいから、とにかくなるべく読みやすい時間を決めて、短くてもいいからお読みなさい。それを毎日おやりなさい、というような事を教えてあげると初心者でもやりやすいですね。

そして、『甘露の法雨』は差し上げてもよろしいし、また買ってもらってもよろしいが、要するに、まず最初はやりやすいところからとにかくやる。そうしていくといいですね。これは癲癇《てんかん》的な発作だろうと思いますね。癲癇というのはひっくり返ってしまう場合もあるが、ひっくり返らないで異常行動に入る場合もありまして、軽い癲癇の場合はそうした異常行動の方にいきますね。だからそういう事をやっておられる内にだんだんよくなっていきますから。愛念を込めて教えてあげて下さい。又その女の子は、かえってよくお母さんの面倒を見てくれたりするかもしれないから、その女の子にも『甘露の法雨』を誦げるような話を、あるいは神想観をするところまで教えてあげると、なお一層いいが、そういうことをまず自宅でやられるようにして、それから色んな会合の時にもお誘いしたりなんかしてあげるとよろしいですね。よろしゅうございますか?

A　どうもありがとうございました。

●過食症で悩んでいる

K（女）最近、過食症みたいなので悩んでいます。

清超 過食というと、たくさん食べるんですか？

K はい。半年で体重が二十キロぐらい増えました。

清超 今何キロあるんですか？

K 今は五十五キロぐらいです。

清超 そうですか。身長はどのくらいあるんですか？

K 一五二センチです。

清超 一五二センチ、五十五キロ。うん、そんなに悪くないじゃないですか。

K それで母にもいろいろと迷惑をかけていて、母が講師の先生に御指導を頂いた時には、流産児とかの関係もあると言われたんですが、母には流産児はいないのでお祖母ちゃんとかにあるのかなと思って、母も最近は『甘露の法雨』を一日三回ぐらい誦げてくれているんです。

清超　ああ、それはいいですね。素晴らしいですよ。

K　それでも、二日ぐらい沢山食べるのが治まったら、またいっぱい食べてしまうという感じで、全然治らないんです。

清超　たくさん食べるという場合は、どのくらい食べるんですか？　何杯くらい食べるの？

K　ご飯をいっぱい食べた後にお菓子を食べて、ご飯も三杯とかで、その後にパンを一日十個とか、自分では苦しいと思っていても、なかなか止まらなくて……

清超　なるほど、そうですか。それならですね、やっぱりあなたも毎日『甘露の法雨』を誦げる必要があるね。やってるの？

K　はい、母がやってくれているんです。

清超　いや、お母さんがやっているのも大変結構だが、あなた自身がやらないと。自分自身の問題でありますからね。やっぱり自分もやる。お母さんと一緒でもいいし、また一緒でなくてもいいから、そういう食べたい気持ちが起こるたびに『甘露の法雨』等々の聖経を誦げる。あるいは神想観をするということを自分でやらないとね。お母さんに頼っているだけじゃダメです。流産児に頼ってもダメだしね。

例えばそういう流産された方がおられるとしても、自分自身の心境が高まってくると、自然にそういう影響を受けなくなるんですね。この人生においては全て自分が〝主人公〟ですから、だから原因がどこか他にあるというんじゃなくて、自分がこの人生において、そういう困難な苦しいような自分の習慣や欲望、そういうものを契機にして、あなたが真理をより一層深く知ることが第一です。

例えば今日でも、あなたがこの団参の会合に来られたということは、それがあなた自身の信仰の向上にとって一つの素晴らしいきっかけになったわけですね（拍手）。それをしかも自分が質問しようと思って質問しているという事は、非常に大きな進歩向上のきっかけなんですよ。そういう困った事をきっかけにして、人間は問題を克服して行くんですね。『創造的人生のために』の「やれば出来る」というところにも書いてありますが、それはやれば出来るという話で書いてあるんですが、『甘露の法雨』を読むくらいは誰でも出来ることだからぜひやって下さい。本文のところには、ミッシェルという人がジャズピアノの天才だったという話が書いてあるんですがね。

彼は一九六二年十二月二十八日にフランスのオーランジュというところで生まれた。そして四歳からピアノを習ったんだけれども、生まれながらにしてカルシウム不足で背が伸びない。そうして今でも小さくて、ジャズピアノを弾くにはあまりにも小さいんですね。足がペダルにとどかないんですよ。そうであるにもかかわらず、彼は一所懸命でそのピアノを弾く練習をして、そしてペダルの操作は補助ペダルというのを付けることが出来るんですが、どのピアノでも出来るんだけれども、それを使って今ではもうジャズピアノの天才といわれ、肉体的ハンディキャップを克服して、素晴らしいピアノの名手として有名になったという話が書いてある。

何か欠点があるといっても、それは必ず克服することは出来るものですからね。あなたの場合はたくさん食べるというだけですから、それは自分としては苦しいんだけれども、必ず克服出来るんですよ。アルコール中毒だろうがその依存症だろうがね。麻薬にひっかかっちゃって、麻薬の欠乏で苦しんでいる人だって、それを抜け出すことが出来る力を持っているんです。それに比べたらあなたの場合は、まだ当たり前の食事の中での話ですからね。それは一つぜひやって下さい。絶対に出来ますよ。

K　ありがとうございました。

●パーキンソン病について

T（女）パーキンソン病についてお聞きしたいんですが、去年の一月に主人がそういう病気になりまして……

清超　パーキンソン病っていうのはどういうのでしたかね。

T　頭の病気です。

清超　ああ、忘れるのですか。(脳の中枢が冒され、手足がふるえ、筋肉が硬直し、身体が不自由となり、表情の変化も乏しくなるという病気)

T　はい。去年まで話はできましたけど、今年の一月からは全然ものが言えないようになってきました。

清超　ご主人は何歳になられました？

T　七十六歳です。

清超　七十六歳というと私よりまだ若い。しかしまだ覚えているという事が少しはあるでしょう？

T　いいえ、全然。この頃ものを言っても分かりかねます。ちょっとものを言っても、じっと目で見つめるだけです。今日も「生長の家へ行って来ますから」と言いましたけど、ちょっと目を見据《みす》えてました。

清超　見据えてとは？

T　私を見つめてました。

清超　結局、最後は目でものを言うようになるんですね。だから相手の目をよく見てあげるということは非常に大切ですね。看病される方《かた》も目を見ないようになると、相手の意思が伝わってこないんですね。お互いに目でよく見合って、そしてものを言うときでも、目を見ながらものを言ってあげると、相手の目に表情が出てきます。そして意思が伝わり、会話が出来るようにもなります。

今はまだ目がそういうふうにして使える状態ですから、まず目から目へという会話をしてあげるんですね。さらに手を握ってあげたりして愛情を伝え、「『甘露の法雨』を読みますよ」とか言って、そして時々相手の手を握《にぎ》ったり目を見たりしながら『甘露の法雨』を読んであげるとよろしいね。そういうふうにしてこれからは目の会話をもっと熱心にやって下さい。そうしたら非常に回復力も出てくるし、まぁそれでも次第にダメになっていく方《かた》も非常に多いですけれどもね。人生の最後は目ですからね。

生まれたての時も目の働きが大切なんですよ。赤ん坊の目を見てなぜてあげるということは、きわめて重要な事になるね。そしてその後も目を見て話しかけることで、親子や夫婦の愛情が通い合い、心が伝わり、脳も発達し、うまく成長してゆくものです。

T　分かりました。どうもありがとうございました。

11　感謝の人生

●新入社員への接し方について

A（女）　七年ほど介護福祉の仕事をしています。入社して一ヵ月半の新入社員は、とても仕事覚えが早いのですが、私が教えると、ちょっと変な顔をしたり教えてもらいたくない様な顔をするんです。仕事にも早く馴染んでほしいし、打ち解けるために、相手の事も思いながら話をしていましたが、かえってそんな事をしたら、馬鹿にされる様な事になりかけたので、もう話したりせずに知らん顔をしたんです。私は必要な事だけを言って他の話はしない様にしたんですが、その新入社員にどの様に指導していったらいいでしょうか？　別に指導などしてもらいたくないのかもしれませんが、同じ仕事をする仲間としてチームワークがないとやっていけないので、どういう気持ちで接していったらいいでしょうか？

清超　それはあまり色々考える必要はないから、そのままの心でごく自然にやっていけばよろしいね。相手がちょうど生長の家の仲の良い友達である様な気持ちでね。だからあまり、こうしたらどうだろうか？　ああしたらどうだろうか？　という事を考えないで、要するに素直なそのままの心を大切にしていけばいいですね。毎日神想観をやっていますか？

A　はい。朝晩やっています。

清超　素晴らしい。それなら大丈夫です。

A　ありがとうございます。それと「宇宙浄化の祈り」もやらせて頂いてます。今までは自分が幸せになりたいなどと自分の事だけを考えていましたが、練成に参加してからは、職場がもっと光明化されて明るくなっていったらいいなという気持ちで祈らせて頂いてます。それで益々この人類が明るくなっていったらいいと思います。

清超　そうですね。同感です。

A　ありがとうございます。

清超　そのためには、誌友会なんかをどんどん盛大にしていくとよろしいね。

A　神想観をしてから職場に行くと、皆さんの表情が明るくなった感じがしてきました。

清超　そうですか。それはよろしいね。素晴らしい、しっかりやって下さい。

A　ただ、その新しく入った子がしゃんしゃんとしているのはいいのですが、こちらが指導していて〝ちょっと〟と思うところがあるので、気持ちをどの様にもって声を掛けていったらいいのかなぁと思っています。

清超　だからね、神想観の時に、その子と自分とが本当に仲良くて、その子が素晴らしい子であるという事を描いていけばよろしい。神想観の時にそれをやっていますか?

A　「○○菩薩様ありがとうございます」「私はあなたを赦します」「愛します」という事しかやっていません。

清超　文句は別に決まっているわけではありませんからね。

A　〝仲良く〟とは思っていませんでした。これからはそう思います。

清超　どうぞやって下さい。

A　ありがとうございます。

●医師から潰瘍か癌の疑いで、手術を奨められている

O（女）二十日前に胃の検査をしたところ、医師から「潰瘍か癌か分からないが胃の通り口に何かあるから、このまま放っておいたら物が通らなくなるので手術しなければいけません」と言われました。私は手術をせずに生長の家で治したいと思って、白鳩の会長さんに「清超先生が来られるから是非指導を受けに行きなさい」と言われて、昨日ここへ来ました。

清超　胃はどういった症状なんですか？

O　今のところ食欲が全然ないんです。

清超　そうですか。痩せていないじゃないですか。（笑）

O　体力が衰えたらいけませんので、無理して食べております。

清超　食欲がないだけですね。痛みはないんですか？

O　痛みはないです。鳩尾《みぞおち》が時々突っ張る様になりますが、食欲がないだけです。

清超　ご主人はいらっしゃるんですか？

O　いいえ、独《ひと》りです。地区連合会長を二十年もやっていて、今までこんなに一所懸命、挺身《ていしん》・致心《ちしん》・献資をやって来ましたのに、こんな病気になるという事は……

清超　そうですか。一所懸命やって来てね。

O　それで、私がもし倒れたら面倒を見る者がおりません。地区が全く死んでしまう様な状態になります。

清超　面倒見る者がおらんの？　支部長さんが何人かおられるでしょう。

O　四、五人いらっしゃるけど、全然活動はしてないです。私がほとんどの事を一手に引き受けて二十年くらいやって来たんです。講習会の時には、今までの五年間は毎年百二十人くらい動員して来ました。連合会長さんから、「そんなにまで愛行してるのなら絶対に大丈夫。とにかく練成を受けてきなさい」と言われましたから、昨日来たんです。お医者さんからは、「このまま放っておけないからいい時期に手術しなさい」と言われて、今は手術前の検査中です。十日くらいして今度は腸の検査をして、それで決まったら来月ぐらいに手術する様な事を言われますが、私はできれば手術したくないんです。

清超　そうですか。生長の家では手術したらいかんという事はないですから、したっていいですけどね。まずは、支部長さんが何もしない様な支部長さんという訳にもいかないから、そういう方々がそれぞれ力を発揮してやることが大切ですね。

O　名前だけの支部長さんはいらっしゃるんですが全然活動がないから、私は独り身で身が軽いので、全部引き受けて今まで何もかもやって来たんです。

清超　だからそれの、何もかもやって来たというのが問題でね。何もしない様な支部長さんで放っとくというわけにいかないですね。

O　聖使命会に入っておられますし、講習会の券の寄付くらいは出してもらえます。でもまだ若いからお勤めに出ていて、それで会合にはあまり出られずに会費を納めるだけの状態なんです。

清超　そういう状態を、一つ一つ改めていく様に愛行をしていかれるのがよろしいね。

O　私も定年が間近ですから、育てていかなければいけないと思ってその様にしてはいますが、中々こちらが思う様にはね。

清超　あなたほどは出来ないかもしれないけども。だけどそうしてあなたがいつまでもやっているという訳にはいかないでしょう。あなたの次に代われる様な人を育てるという事が、幹部としてこれまた非常に必要な事ですね。それを「私がいなくなったらもう後は消えてしまう」と、それではちょっと具合が悪いね。あなたの命は永遠に死なないけれども、肉体的にはいつかはこの世から去るわけですね。それは誰だって、私だってそうなんだから、その次の代わる人とか、あるいはそれに代われる様な人を育てていかなければいけませんね。子供を育てる様に。あなたは子供を育てた事はあるの？

Ｏ　ありません。結婚はしませんでしたから。

清超　ないの？　結婚しなかったの？　やっぱり育てる事が大切で……

Ｏ　戦時中でしたから。

清超　そうですか。あなたまだ若い様な気がするけどね。

Ｏ　いえ、もう若くないです。

清超　若くないの。七十歳ぐらいになるの？

Ｏ　はい。もう少しでなります。

清超　もう少しでね。それならそれまでの間に育てないといけませんね。

O　今そういう気持ちは大いにあるんですけどね。

清超　これから育てる事を、最後のお務めとしてやられるんですね。

O　それで、「手術をしなければいけない」と言われたら、した方がいいでしょうか？

清超　ああ、それはした方がいい。神様におまかせして、あなたは育てる事をこれからやったらいいよ。そしてもっと柔軟な心になって育てていって、多少下手なやり方をしてる様でも、「こうしたらいいよ」と助言してあげる気持ちでやっていくと、地区が益々盛んになって発展します。

そしてお医者さんにかかっていても、お医者さんも人助けをしようと思ってやっていらっしゃるんですから、感謝してね。看護婦さんだって、一所懸命で介護しようとしてやっている訳ですから、看護婦さんにも感謝して、全てのものに感謝するんですね。そして手術した方がいいという場合は手術したらいい。けれどそういう気持ちになると、不思議に診断の方も変わって来て、「もうちょっと様子を見ましょうか」とか、そういうふうになって来る例がよくありますね。一がいに医者を嫌ったらいかんね。お医者さんにも、善いのもあるし悪いのもありますから、いい加減な医者もあることはある。それは警察官だって、善い警察官だってあるし悪い警察官もある。現象界はそういうものですからね。まぁそういう柔らかい感謝の気持ちの人生を、これから送っていかれることですね。

●『大調和の神示』について

T（女） 皆さんの質問を聞いているうちに、私の質問は取るに足らない様に思えて来て、当たらなくても他の方がもっと大事な質問をされるからいいと思っていたら、練成を受けてる他の教区の方が、「そちらは見えにくいからこちらへいらっしゃい」と言って、場所を代わって下さいました。

質問は二つありまして、一つは『大調和の神示』の「互いに怺《こら》え合うことなく、感謝し合えた時」というのは、自分が怺える事なく心の底から相手に感謝するだけではなく、相手も怺えさせる事なく、感謝してもらえる態度がとれる様にならないと、神様には愛されないという事かなと感じましたが、それでよろしいでしょうか？

清超 いや、そういう事じゃないですね。

T　違うんですか。

清超　とにかくこちらが感謝する事をやればいいんですね。「相手が感謝したら」とか、「相手が悦えている様なら、こっちは悦えても感謝してもだめだ」という意味じゃないですね。相手の心をそんなにあれこれ推《お》し量《はか》る必要はないですよ。

T　推し量らなくても、相手が悦えていても悦えてなくても、自分が悦えずに感謝出来る様になれば、それでいいという事ですね。

清超　そうそう。

T　もう一点は臓器移植の事です。今までは、コンタクトで私の目の角膜も傷ついているし腎盂炎《じんうえん》もしているので、こんなの貰っても誰も喜ばないだろうと思ってました。生長の家ではないですが、「先祖を呼ぶと、目や手足がないと出て来て色々と問題がある場合もある」などと言う人もありました。昔から身体を傷つけない事が親孝行の第一番だと聞いていました。でも最近キャンペーンがあって、何か自分で出来る事があるのではと思い、貰って下さる人があったら貰ってもらえたらという気持ちで、アイバンクと腎バンクへ登録しました。主人にも相談して、渋々かも知れませんが了解してくれました。でも先程のお話を聞いていると、生命を大切にしないで、そういう事を考えている人達を助ける事で、かえってあまり善くない事をしたのかなぁと、ちょっと迷っているんですが……

清超　いや、そんな事ないですよ。アイバンクに登録するのは善い事ですしね。私が死んだら心臓を上げますとか、胃袋上げますというのも善い事なんですよ。善い事で、それをやるのもいいけど、善い事にも色々あるじゃないですか。人に深切にするといったって、いろんな深切のやり方があるでしょう？　非常に大きな善い事は、万物の生命そのものを尊重してあげること。そして子供を大事に思って、堕胎とかそういう事はやらない様にするとかね。そういう事が、非常に広い意味で大切なんだという事を言ったので、両立しない訳でも何でもないですね。とにかく生長の家で「献体はいかん」と言っているんじゃないから、皆さんも誤解したらいけません。

目なら目とか何か、死後誰かにあげる約束をしたからといって、次に生まれる時どうなるとか、ご祖先がどうだとかいう事はないんです。それらは、死後どうせ灰になるものですから、灰になるものをまだ灰にしないで使ってもらうという事は善いことでして、次に生まれる時に目がなくて生まれるという事はないですよ。悪業になる訳じゃない、善業になる訳ですから、善い事をしたから目を失うという、そんな馬鹿な事はないのでしょう。生きている侭《まま》で相手の目をえぐり取ったりすると、それはその次の生まれ変わりに悪業として出て来るという事があるけどね。悪い事をした訳じゃない。死んでからこちらの目をあげますというだけですから、決してそのために目が悪い状態で次に生まれるとか、そんなものじゃないです。ご祖先様がそれを悔やまれるという事もないですね。ご祖先様はいちいち、娘がどうしてる、目をあげたからけしからん、それで化けて出るという事はないですよ。そういう〝別の信仰〟に心を惑わせる必要はありません。

T　どうもありがとうございました。その事を気にしないと同時に、一日も早く生長の家の教えをこの身で実行出来る様になって、現象の私がもっと世のため人のためになれる様にがんばりたいと思います。

清超　では先ずご主人に感謝したり、仲良くしたりする事を心掛けてやられると、全てが善くなってきますね。

T　はい。ありがとうございました。

12 神意を大切にする

●環境問題について

M（男）現在オゾン層の破壊や森林伐採、砂漠化、酸性雨など、いろいろな環境問題がクローズアップされてきていますが、そのことを私達も真剣に考えなければいけないと思います。それで、生長の家人として具体的に祈りとか行動とか、そういうものを何かしなければいけないんじゃないかと思うんですが、そういうものは必要でしょうか。それとも、とくにこだわらずに、今の活動をやっていけばよろしいでしょうか。

清超　環境問題というのは非常に大きな問題で、広範囲の問題ですね。それで運動するといいましても、出来るだけ多くの人が心を合わせてやらなくてはいけません。環境をよくするというのは、森林等の保護の問題やらその他色々ある……海を汚染するというのは、非常に大きな環境の破壊になるんですね。酸素が作られるのは、葉緑素が光を受けての光合成作用で酸素が発生しますから、海中のプランクトンから発生するのが非常に多いんですね。そしてもちろん森林からも出る。その森林も、できるだけ自然の森林から発生するのがいいわけです。勿論《もちろん》落葉などから炭酸ガスも出てきますけれども、なんといっても昼間日光に当たって出す酸素が非常に多い。それが段々土地の利用等の名目で、商業的に儲かるために山林を崩していってしまうということが行われて来ました。それから一酸化炭素・二酸化炭素や窒素ガスの発生は、化石燃料を焼却したり、勿論森林を焼却してもそうですが、化石燃料の消費がどんどん増えていって、今は大変な状態ですね。こういう問題は全て関連していまして、「化石燃料を使うな」という運動をしたって、それでは代わりに何をどうするかということになってくる。

例えば、冷房を使えば使うほど電気は消耗される。電気はやっぱり化石燃料で作られるか、ダムで作られるか、原子力で作られるか、というような事になってきますね。光のエネルギーを電気化するとか、風力を電気化していくとか、あるいは波力や潮力を電気化していくという技術は、まだ充分発達していませんが、将来はやらなくてはならない。そうしないと全て環境破壊、地球の温暖化に繋《つな》がっていくのです。これらが全て関連しあって環境の保全という事が達成されていくから、これはもう「文明のあり方」そのものの改革が必要になってくるわけです。それは一部分の運動では足らないんですね。

だから先ず、ものの考え方が環境を本当に愛する心になる必要がある。われわれが勝手に、自分の欲望が満足するような気持ちのいい生活をおくるだけじゃダメなんだ。もっと神様のみ心にかなった人生を送っていかなきゃならん、という事を徹底していくようにしないと、本当の環境対策は出来て来ないですね。結局環境を汚染しているのは、人々が目先の利益だけを追求していくところから出て来ている訳ですから、やっぱり宗教的な「神意を大切にする」という事が根本に無いといけません。そういう心がまだ全世界の人々に、ことに日本に於《お》いては、よく理解されていない段階ですね。だから森を大切にしようというような問題よりも、根本的なものの考え方、〝神様の世界〟〝実相世界の素晴らしさ〟を伝えるということが一番大切な基本になります。私達の運動はその基本のところを説いているわけだから、それを徹底させて行くということは、結局環境の問題を解決していく強力な原動力になると思われます。

さらに又政治の改革でもそうですよ。今の政治を、あるいは経済のビッグ・バンを行うのでも、あるいは行政改革でも何でもそうです。結局それは、どういうふうにして私達が神意を現成していくかということに帰結してくるわけだから、その根本的覚醒運動をわれわれはやっていくのです。一々個別化した問題に取り組んでいっても、今のわれわれのやっている力をそっちの方に割《さ》くだけでありまして、あまり効果が上がってこない。だからもっと基本的な、生長の家の信仰活動の〝正味のところ〟を広げていく、理解をすすめるという事に力を出すのが、やっぱり一番よいのだと思われます。

そうでないと、例えばアメリカではもうダムはこれ以上作らなくするという事を決定している州もあるようですが、ダムを作ると森林を破壊するからで、森林を破壊して水の底に埋めてしまいますからね。そしてその作ったダムは必ず埋まってくるから、それをまた掘り出すために主として化石燃料のエネルギーを使う。そういうエネルギーの無駄遣いをすることについていろいろ検討して、結局アメリカではダムを作らないという事になったようだが、日本では果たしてダムを作らないということが政治的に実現するのはいつになるか……これは分からないね。だからそのダムを作らない運動を、例えば「これは自然破壊につながるから」と言ってやっても、それはその根本が分からない人達は、「やはりどうしてもこれは電力開発には必要じゃないか」、「生産を上げるためにここへダムを作ってやる必要があるじゃないか」というところで堂々巡りをした議論が出てくるだけでしょうね。そんなわけで、やっぱり生長の家は生長の家の本来の正しい信仰姿勢を広げていくというところへ、心を合わせて強力に、魅力的に迫っていくのが、今の段階では一番いいと私は思いますね。だからいろいろな実例をひく場合は、「こうして自然を愛した」とか「自然の木を保護した」というような実例をどんどん使ってもよろしいですし、その方が刺激になっていいと思いますけどね。われわれの運動の根本は信仰でいくという事でなければいけないと思うんであります。

● 世の中が不況になると、黒い色が流行る

F（女） 最近、経済が不況になっておりますが、不況になるときはいつも黒のお洋服とか、黒いものが流行《はや》るんです。

清超 そうですか。

F はい。私は今車を運転しておりますが、若い人達は黒やグレーの車に乗ってビュンビュン走っているんです。それがとても危なくて、やっぱり明るい色の車がいいなと思います。私は赤い車ばかり乗っているんですが、今から五年くらい前、車を購入する時に行ったところでは、赤い車が一台も置いて無かったという事があったんです。近頃洋服も、若い人は黒い服を着ている人がたくさんいますし、それが流行っているんです。黒は色を白く見せますし、着ている女性がとても綺麗に見えるんです。でも全体から見たら暗い感じがして、先生がお話される「明るい生活」とか「明るい社会」というものに少し影があるような感じがするので、私は明るい色がいいなと思っておりますが、先生はいかが思われますか。

清超　お葬式なんかの時は、坊さんは赤い衣を着ても、参列する人は黒いのを着るね。黒を好きな人もいるし、赤いのが好きな人もいるし、いろいろいていいんじゃないですか。

F　ありがとうございます。

清超　ただね、日本人の考え方を光明化するとか、日本経済を明るくするということは必要ですね。やっぱりものの考え方が明るくなっていかないと運命が好転しない。日本人の服装も、この頃ずいぶん多様性を帯びてきましたからね。髪の毛まで赤くしたり緑にしている人がいるからね。髪の毛が黒いのはいけないと言う人はあまりいないだろうと思うんだけれど、まあいろいろあっていいんですよ。さっきも言ったように、もっと根本の教えの中味を伝える方が非常に大切だと思うんですね。あまり色々と規制を多くするのは、好ましくありません。

●環境破壊についてのご文章を、沢山書いて頂きたい

H（男）　先祖から承《う》けました山と畑とを一所懸命やっておりますが、別にお金にもならない

ので、子供からは「親父、何やってるんだ」「金にならないことを毎日やっている」と馬鹿にされますが、いかに環境破壊というのが進んでいるかという事をお話し頂きまして、日本の現状を考えて、心では泣いております。それで私は、先生のお力を全日本、全世界にすすめて頂きたいと思うんです。それは先生の文筆の力を十二分に発揮して頂きまして、時々『光の泉』や機関誌などにお書き下さっている環境破壊という事の文章を、数多く載せて頂きたいと思うんです。

私は奥多摩の青梅《おうめ》の端っこの山の中で、毎日山猿のごとく天と地と緑と水とを生かして一所懸命やっております。本当に人間的に考えたら馬鹿なことをやって嫌になってしまいます。それでも私は七十四歳まで生かして頂きました。私もかつて戦争に行きましたが、その報恩の意味に於いて、今頂いている七十四歳の命をお返しするために、一所懸命毎日山や畑へ行ってやっております。先生の文筆のお力を利用して、これからその方面の宣伝をやっていただきたいと思います。

清超　はい、ありがとう、よく分かりました。

●現象的な年齢は、霊界にはないのでしょうか

U（男）お盆の時には宇治で霊牌の供養をやって頂いておりますが、長年やっていて、ちょっと疑問が出て来ました。それは、流産児には「童子」の名前を付けているわけですね。出生児でありましたら「比古《ひこ》」「比女《ひめ》」と名前を付けて霊牌を出していますが、流産児の子供の霊が二十年経って、その友達になるような年齢の子供達が成人すると、流産児の霊は童子《どうじ》という状態であるのかと疑問が起こってきて、私なりに考えてみました。

この現象界には年齢がありますが、霊界には年齢というのは無いんじゃないだろうかという感じがして、霊界においてはその魂の修行の程度において、夫々《それぞれ》その霊位にのぼっているんではないだろうかという感じがしています。またその中には既に生まれ変わっているものもいるのであろうと思われますが、そういう霊達を供養するという事は、生まれ変わっていようと、その霊に対して非常に素晴らしい祝福の霊波が行くのであろうと考えていますので、そのようにしたいと思っているわけです。しかし、現象的な年齢は霊界には無いのかど

うかという点については私なりの考えですので、先生の直接の御指導をお願いいたします。

清超　なかなか奥深く考えられていて、いろいろ思索されたようでありますね。大変結構であります。「天童子」という名前をつけることは、堕胎した子、あるいは自然流産をした子、あるいは生まれてから二、三年ぐらい経《た》った人でも付けていますね。われわれはそういう年齢層をこの地上においては考えるので、その姿をときどき霊的に見ることもあるんですね。そういう訳でそのような名前を付けますが、霊界へいくと、人によって様々で、これはいろいろのコースをとっていきまして、誰がどのようなコースを通っていくのか、あるいは生まれ変わりも勿論《もちろん》ありますから、何処《どこ》でどういうふうにしていくかという事は本当は分からないわけであります。

分からないから「今ごろあの人はこういう生活をしているだろう」ということも分からないですね。ただそういう気持ちで名前を付けて、そしてその方をご供養するという愛の念波が自然に相手に伝わりまして、その相手がどこに生まれていようと、通ずるのです。それは地球上に生まれてくる場合もあるし、あるいは霊界のもっと高いところで生活される事もあるし、悪い業を積んでいる人だと、もっと苦しい世界で修行のし直しをすることもある。しかしそういうところにどこへでも通じて行ってその人の供養になるというので、こちらは一定の、天童子なら「天童子」というお名前でずっと供養してあげて差し支えないわけです。それ以外の方法はないですから。

そういうふうにして「比女命《ひめのみこと》」「比古命《ひこのみこと》」としても供養してる。あるいは「〇〇居士《こじ》」とか「〇〇大姉《だいし》」というようなお名前を付けてあげるという事でもよろしい。それと人間は生まれ変わるたびに、女性である場合もあるし男性である場合もあるから、いまは女性になっているか男性になっているか、そんな事は分からないですが、昇天された時女性ならば比女、男性ならば比古とおつけする。その時のお名前でずっと愛念を送ってあげるということが、どこにいらっしゃる魂に対してでも供養になるという事でありますね。だから天童子なら天童子、比古なら比古、比女なら比女でおやりになって下さいませ。

U　どうもありがとうございました。

13 魂のつながり

●以前の信仰深い母に戻ってほしい

N（女）私は現在二十一歳です。十一月二十二日の雅春先生のお誕生日は、私の最愛の父の命日なんです。七年間闘病生活が続いて、私が十歳の時に亡くなりました。父と母は生長の家の青年会で知り合って結婚したんです。

清超 素晴らしいね。それでこういう明るい子が出来たんだね。

N 父は友達に誘われて参加したそうです。母は一番先頭に立って教区の女子青年を引っぱっていて、部長として輝いていた人なんです。それで私は生まれた時から神の子として育てて貰いました。

清超　あなたは今何かやってるの？

N　活動は、ジュニアと生高連をしてきて、今は特別役職はないですが、十月一日に住吉大神様の分社が教化部に落慶しまして、落慶式の時から神舞姫《みこ》をさせて頂いてます。私はとても幸せなんですが、父が亡くなってからの十年間、母はずっと仕事をしてきました。私の下には三人の弟と妹がいます。二つ違いで弟、妹がいて、一番下は私と九つ離れていて、まだ中学一年なんです。母は一所懸命働いていますが、私は母にもっと信仰して欲しいという気持ちがあるんです。私が幼い頃は、練成会にもよく一緒に行っていたし、毎日のように聖経を誦げてくれていました。だけど父が亡くなった事で、「〝死は無い〟といっても現象の世界で父は死んでしまった。〝病《やまい》は無い〟と言っても、現実に父は病気で亡くなってしまった」というのが、凄く母の心の傷になっていると、私からは見えるんです。夫婦とはいつも魂は一つであるというのなら、私がもっと「お父さん、高い霊界へ上がって下さい」と祈ると、母の魂もそれだけ向上するのかなと思うんですが、それはどうなのでしょうか。

清超　人間というのはそれぞれが独立してるんです。だからあなたが幸せになっていくことはあなたの一番の救いになるし、お母さんはお母さんで独立してやっておられるから、二十一歳の娘さんのあなたは、あまりお母さんの事を、聖経読誦の回数が少ないとか、そういう事まで心配しなくても、あなたをそういうふうに素晴らしくして下さったのはお父さんとお母さんだから、それでいいじゃないですか。病気で亡くなるという人は多いです。たいていは病気で亡くなるか、怪我して死ぬか、老衰というのもあるけれども。でもそれは、その人の人生の宿題を解いていっているようなものですから、あまりお父さんお母さんのことは心に引っかからせないことですね。親孝行はしなきゃいけませんが、聖経読誦と神想観の時に父母に感謝するというのはいいことです。あなたは明るいから、素晴らしい。だから、青年会の活動を大いにやったらいいですね。

お母さんも四人の子供さんを育てるのは大変だったでしょうね。それだけでも大いに感謝したらいい。素晴らしいお母さんですね。体はお元気なんでしょう?

N　はい。あの—、父が霊界にいっても、父と母の魂と魂は繋《つな》がっているんでしょうか……

清超　父も母も、人間というのは皆だいたい繋がっている。『天使の言葉』の中にあるでしょう？　一個の物体の周囲《まわり》に百万の鏡を按《お》いたら皆同じ物が別々に映ると。そういう意味では一体であるし、また別なんです。だからお父さんとお母さんだけが繋がっているというんじゃなくて、全てのものと繋がっていますね。「一即多」の原理ですから、お父さんお母さんは勿論、繋がっているといえば繋がっている。しかも独立しているんですよ、それぞれが。全く同じじゃないですね。同じというより自他一如。自と他とは、自ずから「一」であると共に「他」である。「他」というのはそれぞれに特徴がある。個性が違うとかそういうような事ですね。あなたが将来結婚されるとしても、何もかも同じという人はいないですね。だからそういう意味で、「自他一如」というのです。「如」というのは実相の事ですね。実相においては一つである。だけど現象的にはバラバラに現れています。男性と女性というように別であったり、死ぬ時が違ったり、個性的にもいろいろ違って現れてくる。しかし実相においては「一」である。だからあなたはもう心配しなくていいから、お父さんお母さんが善いことをされて、あなた方よい子供さんを残されたんだから、兄弟仲良くして明るい人生を送って、人のためになる働きをして下さい。きっと善い人が見つかります。

N　必ず前進します。ありがとうございます。

● 生高連活動と恋愛について

O（男）教区では今、生高連がすごく充実していて、沢山の高校生が集まっています。二年前に生高連が始まったんですが、今では誌友会を、四会場から五会場くらい開催させていただいております。その中で、恋愛というのをしてしまうというか、高校生ではするのが当たり前というか……人を好きになってしまうというのはすごく当たり前の事なんですが、生高連の活動をしていく中で、恋愛というのはしてもよろしいんでしょうか？

清超　それは構わないですよ。

O　活動する過程でそういうふうになっていった場合は？

清超　別にそれは悪い事じゃないですから。ただ、正しく秩序ある恋愛の態度をとられたらよろしいです。人時処の三相応ですね。だから欲望に引きずられるというようなのじゃなくて、恋愛でも魂的な愛情を深めていくという事を心掛けていかれたらよろしいね。恋愛するというときは、職場でするか、あるいは運動でするか、偶然というような出会いであるとか、そんな事から始まるわけでしょう。運動の中で結ばれたらいけないという事はないからね。先程の娘さんみたいに、お父さんお母さんが青年会活動で結ばれたというようなこともあるから、心配ないですよ。

O　僕が恋愛しているわけではないんですけども……

清超　そうですか、あなたじゃない。そういう様子がいろいろと見えるというわけですか？

O　そうでもあるんですが、もし陰でこそこそしていたら嫌だなと。そういう事を見たわけではないんですが、そういうのがあったら、どういうふうに対処したらいいのかと思っているんです。

清超　それは立派な青年会の指導者として、善いところを褒《ほ》め、悪い点は正すというふうにしたらいいですね。

O　分かりました。ありがとうございました。

●子供の躾けについて

A（女）子育ての事なんですが、私は毎日、子供を連れて公園に行っております。

清超　何歳の子供さんですか？

A　三歳と一歳の男の子二人です。一人目の子の時から公園に行っていたんです。そして生長の家のお話とかを分かってくれそうな人には、本をあげたりヤングミセスの集いにお誘いしたりしてます。私は子供の躾《しつ》けとかで子供には厳しすぎるんです。とても厳しく怒ってしまうから、寝顔を見てると可哀相にと思って泣いてしまうんです。

待ち望んで出来た子だから愛情一杯で育ててるんですが、三歳にもなってくると、「やっぱり躾けないと」と思ってつい怒ってしまうんです。公園で、自分の子供には「したらダメ」って言っている事を、他の子がしたら怒れないんです。自分の子供には凄《すご》く我慢させているのに。子供はその怒らない私を、凄い目で見るんです、悲しそうな目で。

清超　例えばどういう場合ですか？

A　他の子がおもちゃを取ったりするのが嫌だから、公園には余分に持って行くんです。

清超　あなたがね。

A　ええ、取られてもいいように。そうしたら、周りの子は余分に持っていったおもちゃを取らないで、うちの子の一番のお気に入りのを取るんです。うちの子にはいつも「よその子のものを取ったらダメよ。あなたのはここにあるからね」と言っているから、うちの子はよその子のを取らないですが、よその子は何も言わずにうちの子のものを取るんです。

清超　ほー、それは叱ったらいいじゃない。

A　それを今まで私は叱れなかったんです。生長の家の方達は皆さん愛情一杯で子供を見つめてるから、子供は神の子だという気持ちで接しているから違うんですが、公園でも二つパターンがあって……

清超　公園とはパークですか？

A　近所の公園です。ずっと子供に付いている親と、お母さんたちだけでベンチに座ってタバコをパカパカ吸って子供を放ったらかしている親と、真っ二つに別れているんです。うちの子はやんちゃな子だから、私はいつも子供に付いているんです。

清超　差別するといけませんがね。

Ａ　よその子にも、やっぱりダメな事は「ダメ」と言った方がいいんですか？

清超　ああ、それはそうですよ。

Ａ　自分の子だと、怒っても後でフォロー出来ますでしょう？「ごめんね。でも私はあなたが大好きなのよ」とか、「あなたは神の子さんで……」と、いつも夜寝るときとかフォローしてるんですけど、よその子だとそのフォローまではなかなか出来ないですから……。

清超　「だめよ」と言って止めておいて、それから「良い子だからそんなことはしないよね」というような、そういう注意をしたらいいですね。

Ａ　してもいいんでしょうか？

清超　いいですとも。

Ａ　子供は、私をとても理不尽な目で見るんです。

清超　それはそうでしょう。だからあなたも、人が取るかもしれないからといって、たくさんおもちゃを持って行かなくていいじゃないですか。取られる事を予想する必要は全くないですよ。

A　でも、よその子に「こっちにあるからこっちで遊んでね。こっちを貸してあげるね。」と言ってもダメなんです。

清超　ダメならダメと言えばいい。理不尽を通させたら、その子の為にも良くないですからね。日本人だけですよ、そんなことで遠慮するのは。他の文明の発達した国だと、みんな怒りますよ、悪いことをしたら「ダメ」と言って。子供は社会全体の宝だという気持ちですからね。自分だけの子というんじゃない。その国の宝だから。その国の宝が悪い事したら「ダメ」と言うのは当たり前ですよ。

A　ああ、そうですか。はい。

清超　愛情を示すチャンスがあれば示してあげる。それはあなたの子を差別してることになるから、あなたの子は怒るでしょうね。それはその子に正義感が発達しているからです。それから又厳しくすると言ったって、三歳だとあまり完全を求めてもダメですね。三歳までは育児がどんどん進む段階ですね。お腹の中の子供みたいなところもある。だから要するにあなたが楽しく明るく暮らしていることが一番いいので、あなたもあまり「今のうちに理想的な子供に躾ける」というような考えでなくていい。だけど取ったり取られたりする、そういう時はちゃんと厳しく公平に指導した方がいいですね。

A　はい。ありがとうございました。

●朝の時間を上手に生かしたい

M（男）　朝の時間を生かそうと思っていろいろと努力してはいるんですが、なかなか上手《うま》くいかないんです。どのようにしたらよろしいでしょうか？

清超　夜寝るのが遅いと朝の寝起きが悪いものですね。夜は何時頃寝るの？

M　だいたい十二時半か一時ぐらいです。

清超　それじゃあ朝は眠いでしょうね。もうちょっと早く寝たらどう？　朝の方に時間を回したら。

M　それがなかなか寝付けなくて……

清超　それは癖になっているからね。夜遅いのが癖になると、夜型の人生になって、朝にうまく起きられないね。だからとにかく少しずつでも朝の方へ時間を回していけばいい。目覚ましで起きてるんですか？

M　はい。そうしてるつもりなんですが、いつも母がギリギリになって起こしに来ます。

清超　そうですか。それじゃあお母さんに頼んで「今日は何時に起きるから」と、お母さんに手助けしてもらう……

M　それではちょっと迷惑をかけるんです。

清超　お母さんが朝遅いの？

M　いいえ、そうでもないです。母は早いです。

清超　それなら大丈夫。癖を直すには徐々に直していかないといけませんから。夜型の人生になると、やっぱり本当の明るさというのが出てこないんですよ。人間の脳髄は、朝の光をもって栄養分としていますから、夜遅いと朝が遅くなって、夜の時間が長くなることによって精神的に大きな影響を及ぼされ、脳髄の発達も偏《かたよ》ってしまうからね。なるべく朝の方へ時間を回した方がいいです。

M　はい、分かりました。もう一つ気になる事があるんですが、教区の委員長が「わしはもう結婚せんぞ」と意気込んでるんですが、その見通しをお聞かせ頂きたいんです。

清超　それは、必ずしも本当の事は言いませんから、「俺は結婚せんよ」と言ったっていつ「するよ」と変わるかもしれませんね。それは本人の自由ですから、そんなのはあまり心配いらないことですよ。

M　ありがとうございました。

清超　もちろん結婚をしないで相当がんばって、遂に結婚しないで終わるというのだって構わないですよ。坊さんや牧師さんの中にはそういう人もいるから、それは構わないです。あまり「何歳までに結婚しなければいけない」という事はないからね。おまけに他人さまのことですから……（笑）

14

明るく輝く信仰

●先祖代々の墓を移しても良いのでしょうか

T（女）　本家の子孫の人達がみんな遠くに行ってしまって、お墓参りには年に一度来ればいい方で、お花やお水はいつも分家の私が行った時に一緒にかえています。でもこれじゃあちょっと寂しくて可哀相だなと思っています。せっかく子供さんやお孫さんがいるのに来てもらえなくて。

清超　遠いというのは、日本の中で遠いの？

T　はい、日本の中です。それで電話をしたら、「こちらの方でお墓を買ってあるから、全部こちらへ持ってきたい」と言うんです。

清超　こちらとはどちらですか？

T　愛知県です。

清超　愛知県へ持っていきたいというんですか。

T　はい。でも本家の人達はお墓参りに行くのが大変だから、全部持って行くと言うんです。私の方で過去帳を見ましたら、明治二年に亡くなった人もあって、もう百年以上も今のお寺さんに眠っているご先祖様を知らないところへ持って行くと、ご先祖様は寂しがるんじゃないかと思いますが、どちらにしたらいいでしょうか？

清超　ご本家のお墓というのは、ご本家が持っているお墓なんですか？

T　すぐ隣に本家と分家と並んであるんです。

清超　それは本家さんが持っているなら、本家さんが移したければしようがないね。

T　そうですね。でも亡くなったご先祖様を持って行くんじゃなくて、生きている人がお墓参りに通ってほしいと思うんです。

清超 それはお参りに来られるのはいいことですが、来ないのですからどうしようもないね。あなたの家のお墓はあるんでしょう？

T はい。

清超 あなたはご主人に相談したことはあるんですか？

T 離婚しました。

清超 するとご本家というのはご主人の家じゃないんですね。

T はい、私の実家です。継ぐ人がいないので、私が帰って実家のお墓を見ています。

清超 そうですか、あなたの実家の話ですか。

T いいえ、本家というのは、父のお兄さんが長男ですから本家になります。

清超 あなたはお父さんのところにいらっしゃるんですね。それで父の兄さんが隣にいて、お墓を持って行こうというわけですか。これはもうしようがないですね。

T 何年もそこにお祀《まつ》りしてあるご先祖様でも、知らない所へ移してもいいものでしょうか？

清超 それはね、お祀りさえよくすればいいんです。そちらの方は信仰は深いんでしょうか？　そうでもないんですか？

T　あまり……

清超　仏教のお墓ですか？

T　はい。

清超　お父さんはいらっしゃるんでしょう？　あなたのお父さんは。

T　私の父は亡くなりました。

清超　亡くなってるんですか。

T　はい。

清超　するとあなたには相談する相手がいないわけですね。

T　母だけです。もう八十歳になります。それで雅春先生の『人生を支配する先祖供養』を一所懸命読んでいましたが、勉強不足で分からないので教えて頂きたいと思いまして。

清超　そうですか。荒地さん、これはどうだろうかね。

荒地　本家さんの方の宗旨は何ですか？

T　浄土宗です。

荒地　今は愛知に移られて、愛知から静岡までお墓参りするのが大変で、年に一度だけということですね。その方々はあまり信仰をしていないと言われてましたが、その方々はなぜ本家を自分の近くにお祀りしたいかというと、ご先祖様をいつも身近に置いて供養したいという、信仰厚い方達だと思います。ですから本家の皆さんがそのように思われるならば、一番しっくりしたかたちでお祀りしていただくようにお墓を移しても、別に何も構わないと思いますよ。ですからご先祖様のことを充分に考えておられる御本家の皆さん達だと、私は思います。

T　ありがとうございます。

●勤務先とのトラブルを解決したい

I（女）　勤め先との間にトラブルがありまして、本部の祈願指導課の先生や他の先生にも相談にのって頂いて、精神的な面での原因は分かったような気がしますが、現象的な面で、勤め先とのトラブルを解決していくにはどうしたらいいでしょうか？

清超　現象的な面で……という現象がちっとも分からないですから回答が難しいんですが、どんな事なんでしょうか？

―　雇用主というのは、アメリカにあるアメリカの会社でアメリカ人の人達ですが、私は日本で働いていまして、その人達の事務所の仕事をしています。

清超　こちらにそのアメリカの会社の支社があるんですか？

―　支社というか、私が一人で働いています。その本社と私の間のトラブルなんですが、向こうは遠い外国に住んでいることもあって、こちらが働きかけたことに対しての返事があまりないんです。それで、もしこのままいくようなら裁判に申し込むことも考えています。

清超　誰が申し込むんですか？

―　私がです。

清超　給料でも払わないんですか？

―　そうです。お給料とか事務所の経費とか、そういった面の問題です。私は最初裁判に持ち込むのは嫌だなと思ったんですが、神想観をしているうちに、裁判とか避けた方がいいなと思うのが自分の我ではないかと思い始めました。そして日本語と英語ができて、生長の家流の考え方をして下さる専門的知識のある方がいいなと思っていたら、そういう方が見つかりました。

清超　弁護士さんに？

—　はい、そうです。具体的にこれからどうするかは分からないんですが、心の中では原因はこちらにあると分かりました。

清超　あなたに原因があるんですか？

—　あると思います。それもある先生のご指導をいただいてなんですが。

清超　そのある先生にご指導をいただいているなら、その指導のようにしたらいいんだけどね。弁護士さんがいい人が見つかったなら、その方のご助言もいただいたらよろしいね。裁判をすることは別に悪い事じゃないんです。「争っている」とよくいうけれども、どういうふうな解決法が一番いいかというのを見出すのが裁判でもあるわけですからね。民事裁判の場合はね。だから裁判で結論を出す方法もある。

ただ生長の家では、相手を憎まないということですね。相手を恨んだり憎んだりしない。むしろ祝福してあげる。あなたも幸せになる。私も幸せになる。全てがうまく解決するということを観たらいいわけで、そういう心になって対処していけばよろしいんですね。具体的な解決方法は、依然として私にはさっぱり分からないから、弁護士さんなり、あなたの相談された生長の家の方なりに聞いてやっていくほかしようがないね。裁判については心配することはない。お任せすればいいわけですから、非常にいい。アメリカではちょっとした事ですぐに裁判になるから、そんなことは相手も別に怒りはしないでしょう。

Ｉ　どうもありがとうございました。

清超　あまり具体的な話でもなかったから物足らないかもしれないが、物足らない返事だと私も思っています。ただ裁判を遠慮する必要はないし、悪いことだと思う必要はない。病院にかかる場合もそうですよ。それは一つの解決法としてあるので、そこに憎みとか恨みとかいうものを持ちこまなかったらいいんです。サバサバとしてね。何とか裁判をしないようにしたいという場合は、ちょっとそうはいかないこともよくあって、むしろ裁判にかけた方がいい場合もありますよ。

●夫婦で仲良く信仰したい

M（男）　私は五十八歳で、結婚して二十五年ほどになります。子供は二十四歳、二十五歳で二人いますが、もうそろそろ子離れの時期だと思っています。

清超　お嬢さんですか？

M　いえ、息子です。

清超　息子さんが二人あるの。

M　ええ。私はこの教えに触れて、ここ七、八年熱心にやらせていただいた中で、これからはもっと一所懸命にやってみようと思っていますが、妻がこういう事には無関心なんです。こうして私一人で団参へ来ていても、気になるのは妻の事なんです。というのは、私が一所懸命やればやるほど妻はあまりいい顔をしないんです。今は勧《すす》めようとも分かってもらおうとも思っていませんが、夫婦がこういう状態を続けていくと、やがて子供が自分でやりたいことをやっていくと……

清超　子供さんは生長の家についてどういうふうな考えを持っているんですか？

Ｍ　子供は全然関係ないです。

清超　そうですか。

Ｍ　そういう中でやはり夫婦仲は一番大事だし、仕事をしていてもやはり夫婦の一致は大事だとよく分かるんです。しかし自分が一所懸命やればやるほど離れていくような感じがしていて、子供が大きくなって家を出ていった時には、特に夫婦の共通な趣味もないですし……宗教に無関心な女性もいるんじゃないかとは思いますが、女の人はよく分からないしどうしたらいいでしょうか？　私も生長の家を一所懸命やってみたいと思っているんですけど、どうしたものか教えて下さい。

清超　一般的に女性の方が信仰心のある人が多いですね。生長の家でも相愛会の人より白鳩会の人が多いでしょう。活動している人もたくさんいる。本来女性は信仰に対しては敏感ですよ。だからあなたの奥さんも信仰が全然ないことはないと思うね。人間は何か信じているんですよ。物だけがあると信じている人もいるが、これも一種の信仰でしてね。「神」という言葉が嫌いで「仏」というのも嫌いで使わない信仰もある。だから信仰心がナイというわけじゃないと思う。あなたが熱心に生長の家をやりたい、一所懸命やる、というのは素晴らしいことで、そうすると生長の家の生き方を実際に家庭でも実行しなければいけませんね。奥さんを放っておくというわけにもいかない。奥さんとはしょっちゅう対面しているわけだから、奥さんのいいところを見て、明るく美点をほめたり、声をかけていろいろと話をしたりする。それから奥さんが深切に何かをしてくれたら、「どうもありがとう」というようなお礼を言ってね。練成から帰ったら「私は練成会に行って本当に楽しかった。おまえの善いところがよく分かったよ」というようなわけで、練成会に行ったらすっかり主人は素晴らしくなったというところがありありと見えたら、奥さんも生長の家に関心を持つし、子供さんもきっと関心を持つと思うね。

「うちのお父さんは素晴らしくなった。なんて変わったんだろう。昨日まで説教ばかりしていたのがこんなに物わかりがよくなった」

と、あなたが変わっていったらいいんですね。だからもちろん教化部へ行ったり、お話を聞いたりするのもいいが、まず家庭の中で、あなたの素晴らしさが本当に生き生きと輝いてくるようになったら、皆さんが変わりますよ。変わらない人はいないね。だから大いにやって下さい。

●祈る時、内容の焦点が定まらない

W（男）祈りについてお伺いします。祈る方法として、祈りの目標をはっきりとするとか、あるいは成功した姿を強烈に思い浮かべてその成功を祈るということをお聞きしておりま す。しかし私が祈る時、具体的にこうなってほしいとか、あるいは成功した姿を思い浮かべると言っても、焦点が定まらないんです。

それは「一所懸命祈って、もし成就されなかったらがっかりするだろうな」という気持ちもありますし、あるいはもっといい状態が与えられるかも知れないから、「そんな事よりももっと上があるんじゃないか」というような気持ちが働くこともあります。それでいつもの祈りは、「素晴らしい結果が出て来る」という抽象的な祈りになってしまうんです。祈りの焦点を合わせられるいい方法があったら教えて下さい。

清超　それはもう、そういう抽象的で結構ですよ。「神様に全托する」というのが祈りの終局ですからね。例えば、「この事業」が発展することを祈る場合は、事業が発展することを祈ってもいいが、それをさらに神に全託しちゃうんですね。神想観が祈りの最高なもので、神様の世界の素晴らしさ、智慧、愛、生命、供給、悦び、調和の充満している実相世界、漠然としているといえば漠然としているわけですが、それを心で観《み》る練習をしていく。これは祈りの中の最高の祈りですから、焦点が合わないと言えば合わないけれども、合うと言えば「神様」に合っているわけですね。こんな素晴らしいことはないですよ。だから神想観をしっかりやって下さい。

W　はい。ありがとうございました。

15　レッスンの喜び

●子供部屋は贅沢でしょうか

T（女）　小学六年生の娘の部屋を掃除していましたら、普段から物が多いなと思っていましたが、筆箱もたくさんあるし、電卓や便箋や、使わないボールペンだとか、マンガ本も山にあります。その子には月に八百円の小遣いをあげていますし、お年玉は五千円くらいです。質素に育てたかったんですが……部屋を与えましたが、やっぱり子供部屋なんて贅沢だったなと反省しています。

清超　子供さんは何人ですか？

T　高校一年と小学一年の息子と、その娘の三人です。本当にたくさん物があって、ガレージセールでも開けるくらいです。

清超　無限供給ですね。（笑）

T　私は小遣いの範囲で買っていると思ったし、こういうものを集めるのが好きな子もいるからと大目に見ていたんです。

清超　聞いたらいいじゃない、その子に。

T　「百円均一で買った」と言います。今は安い物もありますから。でも百円に見えない物もあるし、私には違いはまだ分かりません。誕生日やクリスマスには、洋服が欲しいというから買ってあげていますが、あんなにたくさんあるのに「着る物がない」と日記に書いてあるんです。

清超　他の子は？

T　質素です。男の子は、なりふり構わず質素になっています。

清超　女の子の方が得かな。

T　机の引き出しを見たら、十万円近いお金が入っていました。

清超　十万円とはちょっと多いね。

T　小銭も入っていました。私は普通じゃないと思いまして、日記もちょっと見させてもらいました。CDプレーヤーを買ったり、CDもたくさんあるんですが、こっそり聞いているらしいんです。CDは一万円幾らしたと言いました。

清超　この子は、勉強はよくできるの？

T　普通ですね。

清超　そういう場合は、ご主人に相談するのが一番いいんだけどね。ご主人は何と仰っていますか？

T　何も言っていません。

清超　何も言わない？　どうしてでしょう。いつもお話ししないの？　ご主人との会話は。

T　話しますが、「俺は、男には厳しく育てる」と言ってます。

清超　ご主人さんは女の子の事は言わないの？

T　はい。

清超　「どうして？」と、その理由は聞かないですか？

Ｔ　それで悩み続けて来たんです。娘に躾を全くしないから。私がいくら勉強しても無駄みたいな感じで、いろんな事を知っていても、家族の協力が無いから。

清超　協力が無いというのはおかしいね、普通はご主人が協力してくれるけど、どうして協力しないんでしょうか？

Ｔ　娘が強いから。お父さんを叩いたり蹴《け》ったり……

清超　強いの？　だいぶ大きいんですか？

Ｔ　普通です。一四五センチくらいです。

清超　ご主人は、体力が弱いの？

Ｔ　普通だと思います。

清超　みんな普通ね。これはよろしい。それならもっとご主人さんと話したらいいじゃないですか。ご主人さんは生長の家を知っている？

Ｔ　知っています。私が出席する事には「どこに行ってもいい」と言いますが、自分は行きたくないらしいです。

清超　「らしい」とは？

Ｔ　「二人で行って来い」と言います。

清超　何の仕事をしていらっしゃるんでしょうか？

Ｔ　サラリーマンです。

清超　はー、いいね。お金はたくさんある？

Ｔ　いや、普通です。

清超　みな普通か。やっぱりご主人さんによく相談して、「同じように育てましょうよ」と言わなければいけないね。

Ｔ　それを言い続けて来ました。

清超　あなたがあまり強いんじゃないの？　それで「もう女は嫌だ、男だけ俺の言いたいようにする」という事はないの？　あなたはいつから生長の家ですか？

Ｔ　十年くらい経ちました。

清超　誰か生長の家の方《かた》に相談した？

Ｔ　はい。テクニックだけ知っていても、主人との協力がないとやっぱり子供は育ちません。今もうその段階に来たんですよね、子供も育って来たし。

清超　じゃあ、もうこれからはご主人に何でも相談するんだね。そして「あなたの仰るようにします」という以外にはないね。ハイ・ニコ・ポンですね。

T　その回答は分かっていて、聞いているんですが……

清超　私も分かっている事しか言えないものね。それからもう一つ肝心なことは、神想観と聖経読誦ですが、これはどういうふうにしていますか？

T　私は本来怠け者なのに、小学一年の息子が「『甘露の法雨』を読んでくれ」と言うので、寝る前に読むのが習慣になっていますから、お蔭様でやっているんです。

清超　これは素晴らしい。

T　計画出産じゃなかった息子ですが、「『甘露の法雨』を読んでくれ」と言うので読む習慣になっているんです。

清超　あなたは計画出産をしていたの。それでうまいこと離してあるんだね。それでは流産した子はいないのね。

T　一人、赤ちゃんの時に数ヵ月で亡くなった子がいます。

清超　何で亡くなったの？

T　病気です。

清超　その子はお祀りしているわけですね。

T　はい。

清超　堕胎した子はいないのね。

T　いません。

清超　そうですか。それではうまいこと計画がいったわけですね。

T　私はお財布をその辺に置いてあるんです。

清超　置いてあるの？　置かなきゃいいじゃないですか。

T　私がどうしてそういう事をしているかというと、清超先生の本を読んだ時に、「うちの子がお金を取る」という質問に、清超先生が「そこへお財布を置いておきなさい。この子が取ると思うからだ」という事が書いてあったからです。

清超　それは、全ての人がそうしたらいいという事じゃない。あのね、質問への私の回答は、その人に一番適したと思う事を言っているんだから、みんなが財布をそこら辺に置いておいたらえらい事になってしまうよ（笑）。あなたの場合は、ちゃんと財布をどこかへしまわないといけませんね。

T　私はもう少しきちんとしなければいけないんです。この間、娘が「お母さん、家計簿つけてる？」と聞きました。

清超　あなたに？

T　はい。私は、それにしてもお金が無くなるのが早いなとは思っていました。

清超　あなたは家計簿をつけてないの？

T　はい。

清超　その娘さんは先生だね。「家計簿つけてるの」と聞いたという事は、「家計簿をつけておきなさいよ」という事じゃないの。それと「財布をその辺に置いておきなさんな」という事ですね。もうこの段階では、ちゃんと財布をしまって家計簿をつける。それをやったらいいんですよ。

T　ちょっとだらしないからですよね。

清超　ああ、そうそう。（笑）

T　それなら主人の言う事に間違いはありませんでした。娘のことを聞いた時に「お前がだらしないからだ」「きちっとしてないからだ」と言われました。小銭だってその辺に置いてあれば取りたくなりますよね。

清超　そりゃそうです。

T　申し訳ありませんでした。

清超　だからやっぱり、ハイ・ニコ・ポンをやったら一番いいね。

T　はい。これからきちっとします。ありがとうございました。

●「人間神の子」の意味を深く知りたい

K（男）『生命の實相』や、総裁先生の御本を夫婦で読ませて頂いていますが、今一歩のところで「人間は神の子だ」という事が突き詰められないんです。突き詰めるというのもまた神の子という事に囚《とら》われているんだなと思ってしまうんです。何か問題が解決した時は、「有難いな。やっぱり神様はいて下さるんだな」と思えるんですが、少し経つとまた忘れて、我《が》が出てしまうんです。神様が本当にいるというのは何となく実感できるんですが、常に何もさわりのないように……自分にいろんな感情が起きてきますが、その感情に対しても、達観してスーッと生きていけるようにできないかなと思うんですが……

清超 何時《いつ》から生長の家をやり出したんですか？

K 母がやっていましたが、自分がやり出してからは数年です。いろんな事があったので真剣にやり出しました。

清超 奥さんはどうでしょうか？

K 妻は大変素晴らしくて、河口湖練成道場の職員でした。妻にもよく言われますが、「神想観をしていても、突き詰めすぎるんじゃないか」と。それで「いつも悩んでいる事を清超先生に一度質問すれば、しただけで解決するんじゃないの」と言われまして……

清超 そうですか。それは素晴らしい奥さんですね。子供さんはあるんですか？

K ここにいますが、六歳の子が一人です。

清超 そうですか、いい家庭じゃないの。あなたは理想的に、自然の生活をしながら、悩まないような感謝の生活をしたいと仰る。それはその通りだけどね、「理想的な生活」というのはなかなか現実の人間としては難しいので、誰でも中途半端なんですよ。「これで俺は悟った、何もかも出来ている」という人はいないわけだから、そんなに焦らないで。奥さんの言う通りですね。だから根気よくやっていけばいい。神想観、聖経読誦をやっている？

K　はい。

清超　素晴らしいね。毎日やっている？

K　はい。

清超　これは大変素晴らしい（拍手）。それなら大丈夫ですよ。何しろ人間は無限に生きるんだしね。この人生が終わっても、まだ次の人生でもやる、無限に生長していくわけだから、そんなに焦る必要はないですよ。

K　そうですか。すぐに到達するというのも、多分それは凄く自分のおごりがあるのかなと思っていて、それでまた逆にそういう事でせめてしまうという部分があって。

清超　そうですか。理想が高いのはいいんだけども、人生というのはそんなに早く進まないものですよ。ピアノの練習でも、十年やってもその辺のところしかいかないし、二十年やってもそのちょっと上にいくぐらいでね。それと同じですから、信仰は楽器の演奏よりももっと根本的に色々とやるわけだから、有難いなと感謝して毎日を送って下さい。

K ありがとうございました。

清超 あなたの家庭は本当に素晴らしい。素晴らしい家庭でもまだ素晴らしくしようとしているわけだから、これはまあいい事だ。いいことではあるが、何でも焦ってはいけません。

●生長の家の広め方について

I（男） 生長の家の広め方の事なんですが、割り当てというのが来るんです。

清超 相愛会長か何かやっていますか？

I いいえ、何もやっていません。私は三十年近く信仰していまして、家内の母親は当初の頃からやっています。ただ飽きもせず『生命の實相』などの御本を読ませて頂いています。それで誰かに伝えたいと思って、例えば伝えて誌友会とかに行くと、その人の分が割り当てとして来るような感じなんです。

清超 割り当てとして来るとは？

Ｉ　例えば相愛会の誌友会があると、その人に対して、何人いるから割り当てとして何部というのが来るんです。

清超　相愛会長さんに来るわけね。

Ｉ　そう思うんです。私は実際にそういう役目をやった事はないので直接は分かりませんが、そうすると私の方にも割り当てが来るんです。

清超　相愛会長さんからですか？

Ｉ　ええ。私は来ても構わないんですが、喜びがないように思います。例えば、持っているその人の収入に応じて一部でも喜んでやられる方もおられるが、収入が多ければ千部でも喜んでやられる方もおられると思うんです。ところが、あなたの割り当ては十部とか五部とか来るとすると、自分の意思で一部やろう、喜んでやろうと思うと、あなたは割り当ての分を消化したというふうに受け取られる。そうすると喜びがないかなと思います。また、割り当てされるから、しんどいから誌友を増やすのをやめておこうというようなところもあると、噂だけの話ですが……

清超　それは、そういう事もあるでしょうね。

―　それで『生命の實相』を読んでますと、生長の家は教化運動ですから、教育になると思うんですよね。教育になるとすると、子供の教育でもそうですけど、『生命の實相』に書かれているのは「縛るな」という事。子供は神様だから放っておいたら必ず善くなるという具合に考えてやりなさいという事は『生命の實相』に書かれていますし、あるところでは、野村先生といわれる方が、最初に聖典の結集をされた時に、「皆さんに割り当てしてはどうですか？」というようなお話をされているところがあるんです。読んでみると谷口雅春先生は、生長の家というのは治してあげたから恩にきて何かしろと言ってはいけないとか、あるいは数とは書いてませんが私はそう理解したんですが、数を目標にしてはいけないとか、或いはキリスト教の牧師さんが割り当てを消化できないというのでノイローゼになった、こんなのはいけないというような事が書かれているんです。『生命の實相』の他のところには、雅春先生との対談で、ある方が自分の背中で生長の家を見せなければいけないと言っています。私は、そうするという事は割り当てして拘束するんではなくて、誌友が増えないのはその団体に属している人の心の問題かなというような事をいろいろ考えまして、少なくとも割り当てがなければ、もう少し楽しくしていればできるんじゃないかと。

清超　それにしてもあなたは長いこと続いておられるからよろしいね。

―　こう言っては何ですが、雨が降ろうと槍が降ろうと生長の家はやめないつもりです。

清超　それで、あなたが割り当てと思うような事を言われた時にどうしていたんですか？　それを断っていたんですか？

―　どうもおかしいなと思うと「自分のを一部だけ頂きます」という場合もありますが、大体は快く引き受けました。けれども、どうもその喜びがないなと。

清超　それは喜びがないかもしれないね。何でもレッスンではそういう事がありましてね。ピアノのレッスンでもこれだけやって来なさいよといわれても、それは出来ないなと思って嫌だなと思うこともあるし、この曲はきれいだから、一つ一所懸命やってみようという時もあるしね。何でもそういう事はあるんですよ。だからあなたは今までそれでずっとやって来て、それで絶対やめないというくらいの固い信仰を持たれたのなら、その調子でしばらくやっていったらいいじゃないですか。(但し〝教育〟と〝伝道〟とは違います。そして現象界では、数や量がくっついてくるものです)

―　はい。それは勿論そのつもりでやっています。

16　第一のものを観る

●何故、生長の家の学校がないのでしょうか

A（男）教育の事についてですが、『生命の教育』誌に『真実を求めて』の抜粋が載っています。その中に、

『〝有名校〟はそのまますぐれた教育環境とは言い難いのである。ことに大学紛争などの数々の事件で暴露されたように、日本の大学の多くはノイローゼになってまでも希望するような何らよき内容をも備えていないと言っても過言ではないのである。要は、その学校が、如何

なる精神で教育され、いかに生徒や学生の本質を観ているか、「神性」を観ているか否かということであって、かかる観点からするならば、現在日本には、ごく限られた数のよき学校があるだけである。吾々は真に生徒学生を愛し、その「実相」の神の子であることを信じて教育してくれる学校に子弟を入れたいものである』

と書かれていますが、生長の家にはその様な素晴らしい理念があるにもかかわらず、なぜ生長の家の高校や大学がないのでしょうか。かつてはゲバ学生となって若い人が走った。今は邪《よこしま》な宗教に若者が走って社会問題を引き起こしている。そういう中で本当の教育をする施設があるとするならば、生長の家の教えの学校ではないでしょうか。何故ないのかお聞きしたいのですが。

清超　そうですね、なかなか難しい問題が提出されましたが、これはやっぱり、生長の家はまだ沢山の人が、例えば普及誌をとってもそんなに沢山読者があるという訳ではない。しかし先程も言いましたように、凡ゆる人々が真理を知って頂きたい。老若男女を問わず、お腹の中の赤ちゃんまでも知ってもらいたい。それはお腹に赤ちゃんが入っていて妊娠していらっしゃる方も、神想観をしたり、『甘露の法雨』を読誦されたりすると、お腹の赤ちゃんにその心が通じるんでありますよ。だからお腹の赤ちゃんの教育も立派な信仰教育となるんです。すでに妊娠の時から教育です。そういう訳で、凡ゆる人に知ってもらい、教育者とか大学に入った人だけではないのです。

そういう意味で、一般の人々に満遍なく教えが伝わっていく方法を、相・白・青等の組織を通じて今展開するという事を、日本のみならず世界的にもやって行く。日本を良くするだけでもいけません、全世界が調和して、平和に素晴らしい相愛協力の世界を実現していくようにやって行きたい。そんな訳で、教育をする学校を作るというのも、それ一つ取ってみると立派な事です。それは病院でもそうでしょう。薬漬けの病気治しをする病院も沢山あるけれども、やっぱり本当の心身的治療が行われる病院が必要なんです。だから、生長の家の病院が出来たらいいという考えもありうるし、そういう看護婦さんの学校があってもいいわけで、まあいろいろあるんです。でもそれをみなやっていくと、凡ゆる事業をやっていかないといけない事になって、その事業を展開していくためには、例えば学校を建てるには敷地の問題がある。日本では、学校法人をつくるのは非常に難しい制約がある。日本は制約の多い国で有名なんですから。許可を得るというのが、これ又なかなか難しい。許可を得るのが易しいのが宗教法人で、だから問題になっている。そんな訳で学校をつくると、それだけの学校経営の為の専門家が必要です。先生方も信仰が深いというだけではなくて、教員としての資格が必要になってきて、経理事務等々のための、そういう方々の人材を集めるという、そういう政治経済的な問題が付随してくる。しかもそういうところへ入学した場合、果たしてどの程度の素晴らしい学生が誕生するかというと、今のミッションスクール、仏教スクール等を考えてみても、本当の信仰者がそこでは中々出て来ないですね。やっぱり、今の社会常識的な範囲で資格を得るためにそこへ行こうかという、そういう免状をもらうための、将来の生活設計のための一手段としての学校、卒業生となる人々が、ミッションスクールでも非常に多いんであります。

　私の子供はみなミッションスクールを出ています。しかしまあうちの子は生長の家の信仰を伝えましたので、今は夫々信仰生活に入っております。孫は今十六人いるが、それも日本にいる子はミッションスクール系が多いけれども、ミッションスクールは非常にいい事はいい。でもそこを卒業する人、あるいは入学する人が「その信仰を求めて」という事ではないんです。中々そうなって来ないですね。たしかにこの宗教団体にはこういう学校がありますすよと、恰好はよろしいけど、その学校がよろしいかどうかは分からない。学校がよろしいというのと、恰好がよろしいでは違う。まあそういう訳で、私達は今のところそういう方面に余力を割かないで、もっぱら「人類光明化運動、国際平和信仰運動をもっともっと強力にし、活発に拠点を作りながら組織を展開していきましょう」というところに重点を置いている訳ですね。だから欲を言えばいくらでもありますけども、まだそういう段階です。誌友さんの数とか、それから拠点の数とか、聖使命会員の数とかは、いま私はあまり覚えていませんが、まだ、そんなに満足がいける様な数ではないという事は、お分かりになると思います。以上簡単ですが参考にして下さい。

A　どうもありがとうございました。

●中心帰一と、「夫にハイ」ということについて

K（女）　中心帰一についてお尋ね致します。

清超　これも難しい問題ですね。

K　自宅で母親教室を開催していますが、主人が反対してます。生長の家をやめろとは言いませんが、「自分一人でひっそりとやればいい。本もひっそりと読んでいればいい」と言って、活動もやめなさいと言いますが、「主人にハイ」と言って、やめた方がいいでしょうか。

清超　貴女《あなた》はまだ白鳩会の支部長ではないのですか？

K　支部長です。

清超　それは素晴らしいじゃないですか。自宅でやるなと言っても、ご主人は今まで、あなたが支部長として、あるいは係りなどをやって行く事を黙認して下さったのでしょう？

K　ええ、会に行くなとは言わないですが……

清超　支部長としては、まだ自宅では会を開いてらっしゃらないということですね？

K　はい。

清超　そこのところがいいね、行くなとは言わないところがね。だからもうちょっとじゃない。もうちょっとのところで、貴女が団参へ来られるのも「行くな」とは言わないのでしょう？

K　はい。行かせて頂きました。

清超　これはすばらしい。だったら帰ったらものすごく喜んで、「本当にありがとうございました」と言って、「貴方のおかげです」という訳で感謝し、感謝感激して、貴女のご主人に対する信頼が、こんなにあるかという事が分かるように愛情表現をされると、「ああ、こんなにうちの家内は喜んでくれる。それならもう少し、家内が喜ぶようにさせてあげたい」という様な気になるというのは確実ですよ。（拍手）

K　はい。ありがとうございます。

清超　ご主人も、あなたが変わると変わりますからね。大いに変わりますよ。奥さんの愛情や関心が、ご主人よりも生長の家の方に行っているのではないか、という事も気掛かりですね。奥さんを愛していらっしゃる証拠ですよ。支部長さんとして誌友会をやられることはいい。もしやるなら、近くの何処かを借りてやるという方法もあるけど、でももうちょっとすると自宅でも出来ますよ。いいですか？　いかにあなたが変わって、感謝するかですね。今すぐでもいいですよ。手紙を出したり電話を掛けたりして、「愛情の表現」をもうちょっとやってごらんなさい。子供さんは何人あるの？

K　三人です。

清超　とても立派ないいご家庭ですね。

●次男共々、生長の家で頑張っています

Y（女）　平成六年、初めて団参に参加して体験発表をしました。同年の普及誌の十一月号に「肉体の繭を造り」という題で書いて頂きました。

清超　何処《どこ》で発表された事をですか？

Y　平成六年の六月に、ここで。私は今年二回目ですが、大学四年生だった次男が一所懸命に生長の家をやり始めまして、今日一緒に参りました。それで本当に有難いなと思って、清超先生にお礼をさせて頂きたいと思って、ありがとうございました、お礼を申させて頂きたいと思います。

清超　そうですか。それは素晴らしいですね。

Y　ありがとうございます。

清超　はい、どうもありがとう。またいらっしゃい。

●左目が失明して見えない

N（女）昨年の五月五日から左目が失明して、真っ暗がりでちっとも見えません。

清超 何という病名をつけられましたか？

N 病院では病名を書いてもらいましたが、忘れてしまいました。長い名前です。

清超 そうですか……

N 私は団参に六、七回参加していますし、先祖供養とか、流産児供養とか、毎日ではないけれど、供養をさせて頂いております。それにもう一つ問題がありまして、朝は息子の事を、夜は私の目の事を拝ませてもらっています。でも今になってもそのままの状態で、ちょっと不自由ですから、どういうふうにもっていったらいいのでしょうか。

清超 息子さんの問題というのは、どういう事ですか？

N それは、子供の頃から学校が嫌いというか、登校拒否まではいきませんが、どうにかよい高校を卒業したのはよかったのですが、兄と姉が優等生で、二人共その時は大学に行っておりました。そして私の主人が亡くなりまして、もう二十三年くらいになりますが、私一人で大変で、お金も沢山いりますし、右往左往してましたところ、弟の方が悪い方へ流れてしまいまして、それで二人分の親孝行の分を皆こっちがうけとるというか、そういう気持にならなければいけないと思いまして、それから生長の家をやらせてもらうようになりました。

N　そうですか。今何歳になっておられますか？

清超　もう三十九歳です。

N　何か仕事をしてらっしゃるんでしょう？

清超　仕事は、最近よい会社へ行かしてもらったら、雪の所で、山の所で滑って足を骨折して七十日入院しました。その間の費用は、全部会社の方がしてくれて有難い事でした。それが済んでからも、気に入ったのか毎日気張って行ってます。

N　何が気に入ったんですか？

清超　仕事の方が気に入るというか……

N　それはとてもいいじゃないですか。

N　気に入るというか、型にはまって一所懸命行ってくれる様になりましたので、やれやれというので、私もさっそく練成に寄せてもらってます。

清超　今回ここへ来られたことですね。

N　はい、そうです。

清超　それはいいじゃないですか。素晴らしいじゃないですか。いくら子供さんが大学へ行ったって、そう上手くいかない場合もありますからね。

N　はい。それと自分の目の方を、どうにかなったらと思いますが、そんな事を思ったってあかんというので、まあ日を重ねておりますけれど。

清超　そうですか。そういう人生での良いところを見て感謝することです。そのお兄さんお姉さんも、立派な学校を出たばかりじゃなく、素晴らしくなっておられるんでしょう？

N　はい。

清超　そういう良いところに感謝したらよろしゅうございますね。

N　そうですね。

清超　それに息子さん、弟さんの方も素晴らしいですよ。山で怪我しても助かって、そしてまたその会社で一所懸命やるというのも素晴らしい事です。本当にありがたい事ですね。だからご主人さんにもお礼を言って、「貴方様の残された子供さんが、こんなに素晴らしくなりました」と言って感謝されたりして、良い所を、明るい所をどんどん発見して行ってごらんなさい。暗い所を見ない様にしてね。そうしたら、貴女はまだ片方の目が残っているのだから、とても有難いのですよ。(拍手)

N　ありがとうございます。

清超　どうぞお大事に。そうですか、素晴らしい事です。学校を出るまでの途中ではいくら優秀な子供でも、社会人になってから親に心配を掛けるという事もありますからね。何か力が余って、そういう色々な経験をする事もあるものです。人生には色々なコースがありますからね。同じ山へ登るのでも色々な登山道がある様に、東京から長崎へ行くのでも色んなコースがあって、飛行機ばかりじゃない。電車もあるし、船もあるしね。中にはテクシーというのもあるがね(笑)。またあれはいいですね。テクシーで歩きますと、色んな細かい良いところが見つかって、「ああ、ここに美しい花がある」、「ああ、ここにこんな立派なお社《やしろ》がある」とか、「こんな美しい海がある」、「花がこんなに美しい」という様なのがよく見えるんです。そういう事があるから、色々なコースを楽しんで、それぞれの美点に感謝していく事が大切ですね。

17

助け合いの世界

●〝神の国発言〟について

H（女）　私は森前総理の〝神の国発言〟を素晴らしいと思いました。いくら曖昧《あいまい》な発言だと言われても素晴らしいと思うんですが、その事についてのお考えをお聞かせ下さい。

清超　あの発言については賛否両論がありまして、先ず反対党の人は直ちにそれを取り上げて「総理としての資格がない」なんて言いますね。しかし新聞の社説にも色々と出ていますが、「天皇中心の神の国である」と言ったんですか？　見出しには神の国と言ったという事だけが書いてありますが、それだけ言ったんじゃないんですね。詳しく読んでみますと、沢山の事を言っている。その全部が知らされたら、そんなに間違っている事を言ってる訳じゃないし、善い事も言っているんですね。ちょっと言い足りないところもありましたがね。

それから生長の家で説いているのは、本当は日本の国のみならず神の国が全てなんだということですね。その「神の国」の素晴らしさを、「日本国は天皇を中心とした国家として非常に忠実に実現しようとしてきた国である」というふうにでも言えば、もっと分かりやすくて、多くの人々にも納得できたでしょう。けれども、「全ての世界が神の国である」「実在しているのは神の国のみである」という事が抜けていると、誤解をする人もいる。日本だけが神の国で、インドや中国やアメリカは神の国ではないところの「罪の国」かというような事になる。しかし仏という事も言っているし、親鸞上人まで引き合いに出して総理は言ったわけですから、決して根本的に間違った事を言ったわけではないんですね。選挙にそれが影響するように、野党の人は大いに宣伝するが、そういう事に惑わされないことが必要ですね。

とにかく今まで日本の政治家は神とか仏というのを公式に表現しない、まどろっこしいところがあったんですよ。だから「神に祈る」とは言わないで「神に祈るような気持ちである」とか言うんですね。そういうふうなごまかしでなくて、どこの国でも、神を大切にするところは、就任式の時に聖書に手を置いて最初に宣誓したりしますからね。あれはキリスト教である事を大いに皆さんに告げているわけですから、そういう方がいいんですよ。勿論、唯物論の国ではそういうことは出来ないでしょうが、それをいい加減にごまかしている。

だから、一番権威のあるものはどこかという事になったら、本当は神や仏だという事を言わなきゃならない。そして天皇陛下は、その神をお祭りする最高の神官として、昔から代々お位をお継ぎになった素晴らしいお方であるという事を言えばいい。天皇だけが神と言ってる訳ではないけど、そういう思想を戦前に持ったり、或いは宣伝した人がいた。それでそういう後遺症が残っている今の日本の社会ですから、総理などはよっぽど気を付けて、よく懇《ねんご》ろに神なる本質を説明されたらよかったと思いますね。しかしそれはまあそれで、神・仏が公《おおやけ》の場に引き出されて来たから、一歩前進といえば前進ですよ。しかし何ですね、野党さんというのはどうしてあんなに欠点ばかりを引っぱり出して倒そうとするんかね。もっと、善いところは「これは善い」と言って誉めて、悪いところは「これはダメだ。その理由はこうである」というふうに言えば、国民の判断も、野党さんにとっても却って有利になるんだけどね。なんでも倒しさえすればいいというような欠点さがしでは具合が悪いですね。

●人間と動植物の〝不殺生〟について

K（男）テレビで、ある宗教学者が今の若者達に、「人は動植物を殺して生きているが、なぜ人間だけを殺してはならないのか」という質問を受けて、答えられなかったと言うんです。もし私達がそういう質問を受けた時には、どうやって答えたらよろしいでしょうか。

清超　人間だけを殺したらいけないと言うんですか？

K　若者からそういう質問を受けた時に、宗教学者のある人はうまく答える事ができなかったという感じなんです。

清超　それはその宗教学者がちょっと勉強が足りなかったんですかね。やっぱり殺さないという事が根本原則でありまして、〝不殺生《ふせっしょう》〟と言って、生きとし生けるものは殺したらいけないというんですね。だから動物・植物もやっぱり生きているから、殺したらいけないですね。咲いている花をむやみやたらに切ったり、掘り出して持って帰ったりしたらいけない。

ノーベル平和賞をもらったシュヴァイツァーという人は、お祝いのプレゼントに花を持って来られた時、「花も生きているんだからそのまま植えておいた方がいいですよ」と言いながら貰ったという話が書いてありました。花も生きているから、なるべく育ててあげて、本当は鉢植えのままであげた方がいいですけど、重たいものだから、切って上の方だけ持ち歩きますね。

豚でも鳥でも本当は殺したらいけない。殺さない方がいいんですよ。だけどそういう習慣を、人間はもうだいぶ前から失いまして、「栄養分が高い」とか、「必要なカロリーがあるか」というような事ばかりを判断して食品を選ぶようになってきた。でも本当の人間はそういうものではない。植物なら果実を食べるというのが本来の姿なんですよ。本来の姿と言ったらおかしいが、原始的な人の姿ですよ。果実なら、実ったら食べてもらおうと思って木は実るわけで、それを食べて種をどこかへ落としてくれるから、それで広がっていく。だけど今はもう人間の数も増えているし、果実だけではちょっと賄《まかな》いきれないんですね。それで菜食主義、ベジタリアンというのが出てきた。日本ではジベタリアンというのも出てきたけどね(笑)。ベジタリアンというのはいい考え方です。だから、できたら菜食主義でいった方がいいけれども、これも中々難しいです。アメリカのオリンピック選手で、確か水泳の選手でベジタリアンの人がいたが、やっぱり食事に困るらしいね。だから今はなるべく高等動物は殺さないで、痛覚の少ない、殆ど無いような動物を頂こうと……。魚は、そういう意味で今の段階では食品として割合推薦できるものという事になりますね。酒菜《さかな》（魚）というのは菜っ葉の一種だという意味があって付けられた名前なんですね。菜っ葉だけれども動いてぴんぴんしているところの菜っ葉であるというような。だけど魚だって本当は生きているから、生きているものを殺すというのは、具合が悪いことは悪いんですね。

そういうわけで、〝不殺生〟というのは凡ゆるものに及ぶんだけれども、現実のこの地上生活というものは、泥棒もいるし詐欺《さぎ》や盗みをする人もいるように、ある程度の神意でない事までやるような状態の人生が送られている。そこには裁判官がいるし、お医者さんもいる。神様の世界には医者という職業は無い。警察官も裁判官も無いですね。それは悪や罪を犯す人のいない世界が「神の国」ですからね。だけど世界中にはお医者さんもいるし警察も必要だし、裁判所も弁護士さんも必要だ。弁護士さんでも、犯人の弁護をする人は一所懸命に無罪を主張するような、矛盾した状態もあるのです。

そういう中で、それを全部やめてしまうという事は難しいのと同じように、全ての生き物を殺さないという事も難しい時代になっている。これは現象界の闇の部分ですね。現象界は光と闇の混合している仮の世界ですね。だから現象世界そのものを善くしていく必要があるんです。食品だけでそれをやろうとすると中々難しい。食品の場合は、せめて高等動物は殺さない。だから鯨みたいなのは「殺したらいけない」と主張するんですよ、本当は。あれは非常に高級な動物だし、イルカもそうでしょう？ イルカも非常に高級で、人間の仲間みたいな動物です。豚だって本当はそうなんで、非常に高級なんです。この間、ミャンマーに行って豚の放し飼いや野生の豚をいっぱい撮った女の写真家が、ラジオで話をしていた。豚は非常にお利口で、人間に馴れてくると野生でも近づいて来て、よく飼い馴らすと懐《なつ》いてきて、戸でも開けるんだって。犬や猫も開ける事はあるけれども、中々難しいが、豚の場合は鼻で出来るんだって。はなはだ上手だという話でした（笑）。そして人に近づいてきて餌を貰ったりする。そういうふうにお利口なんです。しかし人間は豚を食用として飼ったり食ったりしますね。これは豚にとっては非常に迷惑な話です。猪だってそうです。猪は豚の仲間みたいなものですから頭が良いし、狸や狐も良いです。だから狸や狐を食う人はあまりいない。狐が化けて出るという説もあるけども、化けては出ない。けれども、霊界の生物の中に霊界だけに生きている動物がいるんですが、その中に狐に似たような動物がいて、そのためにお稲荷さんの前に狐が祀《まつ》られていたりする。あれは神域を保護するような役目を持っている動物ですね。

そういうふうに、みんな助け合っているのが本当の世界ですね。ところが人間は人まで殺すようになった。他の動物は自分の仲間は殺しませんよ。縄張り争いなどで、喧嘩して傷つける事はありますが、逃げて行ったら追わないですね。人間は逃げて行こうが逃げて行くまいが、何も悪い事をしない人まで傷つけたりする。そういうところまでいってしまっているから、そういう事はやったらいかんという事を強調する為に、「人は人を殺してはいかん」というふうに強調するんですね。だけど本当はもっともっと広い範囲にまで及んでいるのが本来の〝不殺生〟であります。

●生長の家の本の普及について

T（女）テレビを見てると、本の売上げベストテンなど他の宗教の本が出ていますが、私はそれがとても歯痒《はがゆ》いんです。私達はこんなに先生の素晴らしい本を読ませて頂いてるのに、何でベストテンに入らないかというと、本屋さんに先生の本が置いてないというか……他の宗教の本は前の方に置いてあって、テレビを見た人が「どんな本かな、買ってみようかな」と思って買うんです。それで信徒じゃない人も読んで、何か悩んでいたら「入ってみようか」と思われると思うんです。今の子供達を救いたいんですが、救う為には先ず本を本屋さんに置いて、私達信徒が全部本屋さんで買ったらベストテンの中に入って、生長の家を知らない人も「どんな本だろう」と思って読む。私が日本の国を助けたいと思って普及誌を渡しても、「結構です」と言って、今は宗教を拒否してる人が多いので受け取ってくれないんです。そんなときはどうすればいいでしょうか。

清超　そうですか、素晴らしいね。そういう熱意のある方は本当に素晴らしいと思いますよ。しかし生長の家はあまり本屋へ行って本を買いなさいと強制したくないというようなところがありましてね。生長の家も、日本教文社を通して今の配本制度を活用してはいる。教文社の方で印刷した本の何割かは、この配本制度を通して本屋さんに行くんですが、それは本屋さんの方から、或いは配本する配本会社の要求する範囲内でそっちの方へ回している。それ以外は皆教化部等を通して組織内に回しているという事ですね。そこで教化部の方へ回す場合の割引率と、配本屋さんの方へ回す割引率と違うんですね。配本屋さんの方が不利益といえば不利益なんです。それで教化部の方へ回す方が多少利益が残るような、つまり多く値引きするかたちで回しているようです。更に教化部で販売する時には、その利益の幾分かを、何かに使えるようなかたちになっているんですね。違いますかね?

岡田　教化部にある普及協会の支部から教化部の一般会計に、ある程度の比率を決めまして、例えば働く人の度合数とか、教化部全体に占める配本の場所の占拠率とかで、一般会計に献金しております。

清超　そういうわけで、全部を本屋さんの方へ回すというのは……。他の団体では、そういうかたちで信徒さんが行って買って、それを人に譲ったりあげたり、買わせたりするから、非常に率を上げている訳ですね。ベストセラーの率を、上げるように、上げるようにやっているわけで、生長の家はそういう事をやっていない。なるべく自然に任せているわけですね。そんなわけで率は上がらないですが、最近は本屋さんへ回す率も段々増えていくような傾向にありますね。それは本屋さんの方から注文が来るから、配本社の方が段々理解を持って来ているような状態でありまして、こっちで色々操作はしませんね。あちらさんは操作しますね。だから一時的にはベストセラーになるようでも、本というのは内容が一番大切なんですよ。

マンガでも購入率が上がっている本もあるが、必ずしもその内容が善いからというわけじゃなくて、読みやすいからとか、宣伝がよく行き届いたからだというような事があります。そういう意味で、あまり競争意識をもたないのですね。だけど段々増えて行かなければいけません。それは皆さん方が色々な会合で誌友の方を増やしていくとか、或いはポスト愛行でも何でもやられる、或いは教文社で出す広告などでも増えてくるとか、そういう事によって段々率は上がっていくわけですから、それは大いにやって頂きたいですね。よその、いい加減な団体がいくら売上げても、あまり心配はいらないですよ。中身が一番大切ですから、中身さえしっかりしていれば、それは大いに広がったらいいんですけどね。仏教の本でも、善い本があれば、それはどんどん広がったらいい。私も「正法眼蔵《しょうぼうげんぞう》」というのは善い本だと思うから『正法眼蔵を読む』という本を書いて紹介しているわけだし、善い本だと思うものが増えていく事を喜びとしております。

18　神癒の根本

●家族が他宗でも、仏壇で『甘露の法雨』を誦げてよいのでしょうか

N（女）　主人が他の宗教をしていますが、仏壇の前で『甘露の法雨』を読んでもいいでしょうか。

清超　よろしいですよ。『甘露の法雨』はどこで読んでもいいんです。仏壇だけは避けなさいとか、神社を避けなさいという事はないですから、どこで読んでもよろしゅうございます。ただその事で喧嘩にならないようにしていく必要はありますがね。

N　主人は生長の家が嫌いじゃないし、本も読んでいます。

清超　それはいいことじゃないですか。

N　でも霊の世界では、『甘露の法雨』を読んだ場合に、霊は怒るでしょうか。

清超　霊にもいろいろありますからね。迷っている霊とか、非常に宗教的偏見を持っている霊もない事もない。霊といったって現象界の一つの状態ですからね。現実の人間でも迷っている人はたくさんいるでしょう？　その状態のまま亡くなられたような場合は、まだ迷っているといえば迷っているわけですから、変なお経を読んだというような印象を受ける事もある。あるけれどもそれを恐れる必要はないのでして、それは一つの闇みたいなものですから、「闇に対しては光をもって相対《あいたい》せよ」で、何遍も善い言葉を伝えているうちに「ああ、そうか」と分ってきますからね。霊が怒っているか怒っていないかこっちには分からないですから、とにかく善い事を、みんな素晴らしい実相世界の神の子である事を心の中に描きながら、根気よく誦げていかれたら、何もかも善くなっていきます。

N　ありがとうございます。

●「願なき行」の意味を知りたい

S（男）「願なき行《ぎょう》は仏の魔事《まじ》なり」という場合の〝行〟というのは宗教上の行の事だと思いますが、生長の家でいうならば聖典拝読、聖経読誦、神想観、愛行をする事だと思います。でも生長の家に入って来る人達は、例えば病気を治したい、経済が豊かになりたい、中には生命の実相を知って自由自在になりたいという人もあると思いますが、そういう願いを持って入って来るわけですから、願のない人は宗教に入ってくる事はないと思います。「願なき行」の〝願〟とはどういう意味なのでしょうか。

それと生長の家でも教えられているように、病気が治る、経済が豊かになるということは初期の段階であって、自由自在の本体なる生命の実相を知ることが、本当の宗教上の教えであって目的であると教えられているわけですが、それを知るため、悟るために聖典拝読や聖経読誦をする。それと同時に、自他一体の実感や体験を得るために、生長の家では「光明化運動をやりなさい、これが生命の実相を悟る車の両輪である」と仰ってますが、この場合の

〝願〟とは、「生長の家の人類光明化運動をやります」というような願をたてる事なのでしょうか。「仏の魔事」というのは具体的にどういう事でしょうか。

清超　難しいですね。願というのは、これはただ単に病気が治りたいとか成功したいとか、そういう事とは違うんですね。願というのは「本願」といいます。本というのが付いていないとおかしいのでね。「本願」というのは仏のお心なんです。その仏のお心というのは完全円満な愛と智慧と生命の塊《かたまり》みたいな、そういう完全円満な思いですね。それをくらました「成功したい」「出世したい」とか「あの人と一緒になりたい」「いい学校へ入らせたい」というようなのが願なき行ですね。そういう事を祈ったり、そういう「仏のみ心」そのものが抜けた、そういう一所懸命の修行では、「仏の魔事なり」――魔というのは妨げる事なので、仏様を抜きにしたところの、仏を材料にして行う間違った行持だというのですね。だから仏にいくら願っているようでも、一見仏様におすがりしているようであっても、本願を忘れている。本願というのは「神の心」ですよ。自分の中にあり、神様の世界にあるところの神癒の根本を忘れている。本当の心を忘れている。それを抜きにした行は、いくら神仏を言葉で誦《とな》えていても、それは偽物《にせもの》の信仰である、という意味ですね。それでよかったですかね。たくさんおっしゃったようだけれども、よろしいですか？

S　はい。大体分かりましたけれども、「仏の魔事」とは具体的にはどういう事でしょうか。

清超　具体的は難しいですね。魔というのは妨げるという意味で、妨害する事。つまり本当の仏を抜きにしている、仏の本当の世界の現成《げんじょう》を妨げているところの現象である。仏の本当の世界を眩《くら》ましている。「仏、仏」と口では言っていても、本当の仏の世界を抜きにして、仏を眩まして、その仏を材料として、そんな信仰を広めたりすることも、そういう場合は「仏の魔事」ですね。だから偽物の本尊をこしらえたり……足の裏の判定などで問題を起こした宗教がありましたが、天声という言葉を仏様の声のように言って、自分勝手な間違った教えを「これは仏の声だ」というように言ったりするのは、それは仏の魔事ですね。

S　どうもありがとうございました。

● 天国と実相世界のイメージが重なるのですが

O（男）生長の家のみ教えを知る前に私の中に天国のイメージがあったんですが、その天国と、実相世界がピッタリ重なってしまっていますが、それでもよろしいですか？

清超 それは構わないですよ。天国というのは二通りの使い方がありますが、現象界の天国というのは「これから生まれて、もっと高い世界の高い現象界に行く」という場合の天国。そこの住人を天人とか言いまして、高い霊界のことを天国と言う事もあるけれども、本当の天国はやはり実相世界のことですね。「神の国」ともいいます。

●臓器移植について

n（女）生長の家の先生方は、臓器移植についてどんな考え方をお持ちなのかお伺いしたいんです。私の勉強不足で、もうそのような事はお示し頂いているのだろうと思いますが、改めてお願いします。

清超 あなたに臓器移植の問題が今切実にあるわけじゃないんですね。

n はい、そうじゃないんです。

清超　一般論としてですね。

n　どうしても違和感があるんです。体を物質と見るか、そうではなくお宮と見るかによって違うと思うんです。

清超　なるほど。

n　魂のお宮として見たらちょっと違うかしらと思いまして、それが引っ掛かっております。

清超　そうですか。臓器移植はだいぶ趣味の問題がありましてね。さっきカメラの話をしましたが、カメラでも「新品がいい」という人や、「中古でもいいや、安い方がいい」という人もいますね。昔のスタイルの方がどっしりして使い易いというものもいる。そういうふうに、肉体というのは神の宮といえば神の宮ですけれども、やっぱり魂の道具なんですね。神の宮でも本当は道具なんですよ。あそこに神様そのものがいるわけじゃなし、あそこだけが神様の世界というわけでもなくて、神を礼拝するための一つの道具ですね。

道具といったら悪いがそれが社《やしろ》ですね。だから「他人《ひと》の使い古した材木を使うべきでない」という考えの人も、勿論《もちろん》いらっしゃる。しかし、「この木は伊勢神宮の二十年経って払い下げられたところの材木であるから有り難い。これでもって何かお社の一部をこしらえよう」という方もいらっしゃる。だからそういうもので、臓器移植というのも、やりたい人はおやりになったらよろしいが、「私は他人の使い古した道具まで使いたくない、どうせ肉体はいつかは死んでしまうんだから、また生まれ変わって新品の、自家製の道具で暮らしたい」という人は、臓器移植をしてもらわなくて過ごしたらよろしいんじゃないかという事ですね。

だからやっぱり趣味的なものが入ってくる。もう一つは私達がいつも言っているんだけれども、新品の道具ができつつあるのに、胎児を易々《やすやす》と捨てて、つまり人工流産をして、そして僅かな少数の子供だけで、あるいは子供なしで暮らして、自分が死にかかった時だけ他人の使った胃袋や心臓を貰おうかというのは、ちょっと具合が悪い。だから根本的に、人間の生まれて来るその素晴らしい自然の働きを大切にする事が重要であるという事を、一般の人々がよく知る必要があるという事ですね。

しかも殊《こと》に臓器移植をする時には非常に費用がかかるんですよ。ヘリコプターを使ったり、飛行機を飛ばしたり、特急列車を使ったりと、いろいろしまして、そしてたくさんのお医者さんを動員して臓器移植をやりますね。しかもこれは他人がだいぶ使った道具ですから、やがて寿命がくる。それからまた人体には拒絶反応というのがありまして、自分がつくった臓器は自分がちゃんとつくって、よく知っているからそれは拒絶しないんですけれども、自分のつくらない臓器は、それが人工の臓器であっても、これを拒絶しようとするんですね。例えば弾丸なんかが頭に入ったような人でも、拒絶しようとして、押し出そうとして押し出すわけですけれども、臓器の場合は押し出されたら困るから、拒絶反応の方を弱体化するような薬を使うのです。移植した後でずっと使うのです。殆ど死ぬまで使わなければいけないんですね。だから手術に成功しても、拒絶反応が強すぎて死んだという例はいくらでもあるでしょう？　ちょっと体に合わないような遺伝子の場合は殊にそうですから、近親者の臓器を使う事が多い。だから移植して上手くいっても、後々ずっと、非常に不自由な状態があるという事を知った上で、臓器移植をして貰った方がいいですね。それに非常に費用がかかる。外国まで行ってやる場合もあるし、その為に募金をしたりする人もいる。それは人の愛情をそれだけ貰うわけだけれども、それだけのよき生活を、人の為になる立派な生活を死ぬまでにやろうという気持ちがあれば、それもよかろうという事です。各人各人がご自分で自己決定されるとよろしいですね。

n　ありがとうございます。もう一つお伺いしたいのは、臓器移植と命《いのち》の事なんですが、その感じがよく分からなくて……

清超　感じ？

n　「命というのは何か？」というところから疑問が湧いて来るんですが、命を尊ぶ事はとても大事だと思います。でも臓器移植というのは、神様が私にこれだけの時間を与えて下さっているところを、他人の力を借りてもうちょっとだけ時間を多くしたいという事ですよね。

清超　神様が時間をどうこうというわけじゃないですがね。

n　神様というか、自然だと私の時間はここまでと決められているものが、臓器移植をすることによってそれが少し長くなるということですが、そういうところを宗教的にはどのように考えるか疑問なんです。

清超　なかなか複雑な事を考えられますね。時間というのは、キッチリとこれだけの時間が与えられるというものじゃないんですね。それは何歳までに死なきゃならないとか、そういう事とも違うんですね。時間というものは、大体神様の世界には無いんですよ。空間もやはり無いんですね。時間空間は「認識の形式」であるということが『甘露の法雨』の中に出てくるでしょう？　「認識の形式」というのは神様の認識の形式じゃない。われわれがそれをどう認識しているというだけのもので、人により動物により時間というのはそれぞれ違うんだと。「これを握れば一点となり、これを開けば無窮となる」というような世界が神様の世界であるから、神様の世界に於いては時間はないし空間もない。空間も認識の形式によって違ってくるんですね。だから時間も一つの尺度なんですね。人間がある時期使うところの尺度であり、霊界に行ったら、もうその尺度は違ってくるんですよ。だからその尺度を神様が決めるという事はない。それはわれわれの心が決めるんですから、心というのは一遍決めたらそれが変わらないというものじゃなくて、運命でも何でもそうだけれども、その後のいろいろなわれわれの心の働き、それからいろいろな愛行をするとか善行を施すとか、そういう事によって変化してくるのです。そういうものですから、臓器移植して必ずしも今までの時間が延びるかというと、そういう訳じゃなくて、延びる人もいるし、臓器移植で死ぬ人もいるし、いろいろあるんですね。まあそういう問題があります。だから必ずしも臓器移植が有利だというわけでもないということですね。

n　ありがとうございました。

19　受け継がれる信仰

●谷口雅春先生が、団体参拝練成会を開催された意義とは

K（男）　大聖師谷口雅春先生が、団体参拝練成会を開催された意義というか、思いというのをお聞きしたいんですが……

清超　思いと仰ってもね、あんまり思いを詳しく仰っていないですがね。総務さん、何かある？

岡田　……分かりません。

清超　まあ、やっぱりここが信仰の中心であるところの総本山ですから、ここへ各教区からお集まりになって、当時まだ雅春先生が御存命でございましたから、先生のお顔を拝したり、お話を聞いたりするという事は、非常に意義があるというふうにお考えになったに違いないですね。現在も皆さんは必ず奥津城《おくつき》に参拝されますね。昨日も好天に恵まれて奥津城に参拝されたと思いますが、奥津城というのはお墓ですね。お墓の事を奥津城というんだが、あの奥津城を通して、皆さんは雅春先生の「声なき声」をお聞きになったと思う。説法というのは、全て言葉でおこなわれますけれども、言葉というのは物質化しますから、神社であるとか、教会であるとか、記念碑やお墓であるとか、そういうところに形として形成されてる説法するんですね。この総本山という所は、雅春先生が計画され、設計されて、「ここへこういうものを建てなさい」と一々仰った。つまり先生のお声が物質化しているわけですから、雅春先生の教化のお言葉の物質化したものです。具体化し物質化するという時は、全てがそこへ現れているというわけじゃありませんが、その中の重要なところは、そこへ物として表現されているということですね。

これは『生命の實相』でもそうですが、雅春先生がお説きになられようとされた事が『生命の實相』という書物に全て入っているというわけじゃないんです。そうでなければ後から色んな書物を出され、現在も『真理』という書物が十一冊新装されて出ていますが、そういうことが必要ない事になるでしょう？　これだけ読んでいればいいとか、これだけしていればいいという、そういうものじゃないんですよ。真理というのには限定がないんです。美でも善でも限定されていないんですね、これだけが善であるとか。食べる食事ならこれだけがお膳の中身だといえるけど、真理それ自体はそういうものじゃないですからね。美でも限りのないものですから、これだけが美であるというものでもないですよ。だからどんな画家でも、描いた自分の作品を「もうこれで全てだ」と言わないでしょう。「まだまだダメだ、充分でない」と、ピカソでもマチスでもそう言って、まだこれじゃ満足できないという思いを残しながら霊界に旅立たれたわけですね。

そういう次第ですから、宗教なんかだと、またその次の相承者が出てきたりして、次々に何代も伝えていくような、そういう仕組みが出て来たりするんですね。何でも、流派になっているのは皆だいたいがそうです、お茶でもお華でもね。だからそれが悪いというわけじゃない。政治家だって、父母が政治家だった人が政治家になるという例はたくさんあるでしょう。音楽家なんかは殊に多いね。お父さんお母さんが音楽をやっておられたのが、子供さんに小さい時から伝わって行き、それがその次の優秀な音楽家になっていくというようなことですね。たいていそういう傾向です。

だから政治家だって、二代目が悪いとか、三代目になったらダメだとか、そんな事はないのですが、それが分からない人たちは、そういうことへの反対意見を言う人もいる。だけど人間の命《いのち》の繋《つな》がりというものは、そうしたものですよ。そして肉体的な命はなくなっても、魂的には永遠に生きておられて、そして永遠の生命をどこかで具体化しておられるし、それがまた地上にも色々な仕組みで現れてくるというわけですね。

だから団体参拝練成会は、各教区が皆それぞれの思いを持って、毎年参加しようと努力して来ておられるのですね。それが団体参拝練成会に対する初代総裁の思いであったと、私は思います。

●谷口清超先生の書について

M（男）　教化部に総裁先生がお書きになりました色紙があります。栄える会の会員で、県内でかなり有名な書家の方がおられますが、その方が教化部へ訪れたときに、清超先生のお書きになった書をご覧になりまして、非常にびっくりしたそうです。見たときにパッと目から光が出るような感じで読んだという体験があったそうです。その後、その方が谷口家の奥津城に刻まれた書をぜひ見たいという事だったので、『顕斎』の中に大変はっきりした写真がありましたので、それをこの方に送った事があります。

身近にそういう出来事がありましたので、大家の方が言われるのを思いながら毎年総本山にあるお墓の文字を読みます。谷口家の「谷」は非常に力強く、たくさん墨を入れてお書きになっていて、「口」という字は小さくしめてお書きになっているような気がします。それから「家」という字は左の方はのびのびとお書きになっています。

書家の大家にもいろいろと流派があると思いますが、私の知っている書家の方が、びっくりしたような感じで鑑賞してましたので、清超先生は書をお書きになる時に、特別なお気持ちがあってなのか、表現としてあのようになさったのか、何かご事情とかありましたらお教え頂けますか。

清超　そうですか。誠に有り難いことでありますが、しかし私は正式に書を習ったわけでもなく、谷口雅春先生がたくさん書をお書きになりました時に、お手伝いしておりましただけですね。お手伝いというか、その現場におって、字を書かれた紙をいちいち引っぱって、紙を引き上げて、書きやすいようにお手伝いをしたという、それくらいの経験しかないのであります。

するといつも逆向きに字を見て上げるんですが、まあ勉強したといえばそれくらいの事でありますが、そういうことも勉強になったかもしれませんね。奥津城の字も私が大きな紙に書いたのを刻み込んだので、あれはどこで書いたかね？　公邸かな？　本部の方かしら、どこかで書いて出したんですね。最初あのお墓の字は、誰か書家に書いてもらおうという案もあったんですが、私が書いた方がいいというような、そういうような事になって、書かせてもらいました。その時も別に誰か書家に教えてもらったというような記憶は全然ないですから、ああいうようなものが出来たんでありますね。だからその、それぐらいのところしか思い当たるところはありませんね。

M どうもありがとうございました。

●「護国の神剣」の模型を頒布してほしい

Y（男） 家の神棚に、龍宮住吉本宮の御神体である「護国の神剣」をお飾りしたいと思っています。社務所で、模型でいいですので、頒布してもらえないものでしょうか。

清超 どこの社務所でですか？

Y 総本山のです。護国の神剣の模型といいますか、雛形があれば、家でお祭りしたいと思いますが、何とかなりませんでしょうか。

清超 これは直接私の仕事じゃないから、総務さん、ご意見は……

岡田 住吉大神というお札を御神体にするようにしておりますが、あまり偶像崇拝みたいな形にならない程度にしておかないといけないんじゃないかと思いますが……

Y　住吉大神様の絵とか、仏像とかいうのもありますので、御神体という形になったものもあってもいいじゃないかと思っているわけです。

岡田　先生、いかが致しましょうか。

清超　まあ、そういうことでしょうね。やっぱり、とかく偶像崇拝的になることが多い世の中ですから、そういうことのない方がよろしいですね。

Y　はい。ありがとうございました。

●高校生の子供が大人になるにつれ、親としてどう接したらよいでしょうか

m（女）高校生の子供がおりますが、小さい時から思い返しますと、八割くらいは生長の家の教えと正反対の事をやって来たなと思うんです。

清超　あなたがですか？

m　はい。でも子供達は、二人とも、私の子にしてはすごく出来すぎた良い子だと思っています。

清超　男の子ですか？　女の子ですか？

m　男の子二人なんですが、二番目の子が「自分はしようも無い人間や」とか言いまして、物事をマイナスに考えてしまうんです。私は、主人と私の子にしては本当に良い子だと思うんです。今からではもう元へ戻れませんので、これから先、高校生からずっと大きくなるにつれて、どういうふうに子供と接していったらいいのでしょうか？

清超　その次男さんは高校生になられたんですね？

m　高校二年生で、上の子は高校三年生です。

清超　次男さんは二年生ですか。それはいいですね。良いお子さんをお持ちですね、長男さんも次男さんも。次男さんが自分はしようも無いと言うのは、これはいいんですよ。本当にしようも無い子は「しようも無い」と思わないものですよ。とかく「俺は偉いんだ」とか、「俺をもっと尊重しろ」とか言って暴れたりなんかする。暴れたりキレたりして反抗するのは、やっぱり自己が認められていないと思うから、そういう事をやるんだね。それで、善い事をしているつもりなのに、それを認めてくれないと「じゃあ、悪い事をしようか」という事になって、悪い事でも何でもやるようになる。ところがあなたの息子さんは、お父さんお母さんが「お前は素晴らしい」と言っても、「いや、俺はしようも無いんだ」と言う。そういうような子の方が良いのです。

それは、子供さんは現実の自分を言っているんですね。ところがあなたは信仰をしていらっしゃるから、「あなたの実相は素晴らしい」と、「いま充分現れていなくても、それは当たり前の事で、別にこれから実力をどんどん現していけばいいんだ」という、そういう気持ちでいらっしゃるわけでしょう？　だからそれはそれでいいんですよ、素晴らしいですよ。ご主人もそういうお気持ちですか？

m　はい。

清超　そうですか。ご主人さんも生長の家？

m　いいえ。主人の母が生長の家で、そのお父さんも生長の家です。

清超　素晴らしいですね。問題ないですよ。素晴らしいですよ。だから子供さんにも、機会があるごとに生長の家の練成会やら講習会等へお誘いになったらよろしいですね。何の心配も要りませんよ。

m　はい、ありがとうございます。どのような言葉をかけてやったらいいでしょうか。

清超　それは、毎日毎日「ああ、素晴らしい」と、ちょっと善い事をしたら素晴らしいと言うとよろしい。感謝したりすることですね。挨拶もよくしますか？

m　はい。すごく心の優しい子で、口では時々ひどい事を言う時もありますが、地震とかそういう事があると、すぐ飛んできて「大丈夫か」と言ってくれるんです。でもそういう事がなくなると、「うるさい」とか言ったりします。

清超　うるさいんですか？

m　最近はうるさくしてはいません。ここ二年くらいは。

清超　そうですか、それならなおいいです。素晴らしいじゃないですか。ご主人に感謝して、そしてご主人とは仲良くして、和顔・愛語・讃嘆をしておられたら、もう問題ないですよ。

m　はい。ありがとうございました。

清超　お祖父さん、お祖母さんの代から生長の家なんて素晴らしいね。お祖父さん、お祖母さん、そのまたお祖父さんお祖母さんと。やっぱり信仰が長続きしている人は、そういう家庭の人が多いですね。一代かぎりで信仰が途絶えることのないように、幼いころからお伝えすると、家が栄え、そして国が栄え、世界が大調和するようになるものです。しっかりおやり下さい。

20

日々神想観

●伝道の根本的秘訣を教えてほしい

N （男） 伝道の根本的な秘訣を教えて下さい。

清超 伝道の秘訣。そうですね、そういう一口に言う秘訣というのは難しいね。今まで話してきた事、みな秘訣だね。

N 全部秘訣だと思うんです。だけどもっと根本的な心の持ち様があるんじゃないかと思うんです。

清超　根本的と言ったって、みな根本的な事なんですけどもね。枝葉末節《しようまつせつ》を話したと思いますか？

N　いいえ、違うと思います。

清超　根本的なものを「これ」と言って、それ一つというわけにはいかない。谷口雅春先生でもたくさんの本を書かれたでしょうが。根本的秘訣を一つというふうに教えられたわけじゃないからね。それから全ての本部講師の方々は、皆それぞれの立場で話されるが、その中からそれぞれの段階においてあなたが「これは今まで知らなかった事だ」「これはやっていこう」という一つ一つを、その時その時に取り上げてやっていかれるのがよろしゅうございますね。

N　地道に光を点じていけばよろしいんですよね。

清超　そうですね。

N　ありがとうございます。

清超　そうね、秘訣を探すのが人生だと思っていってもよろしいね。毎日の生活では、きっと何か教えられる事があるからね。

●先生が、神想観なさる時の順序を教えて下さい

K（女）　十七年ほど前に初めて『生命の實相』を借りて読みました。雅春先生は、以前は個人的に病気を治してくれと言われると、お祈りをしたりしてたけども、こういうふうに多くなって来たら一人ずつは出来ないから、私が、朝は五時十分、夕方は八時から遠隔思念で皆さんに思念を送っているから安心して自分でやりなさい、というような事が書いてありました。それで私は入院してましたので、病院のベッドの上でやってみようと思ってやったんです。その時にいろいろと面白い体験を頂きました。

質問は興味的な事ですみませんが、私は今も清超先生が思念を送って下さっていると思うんです。それで、毎朝清超先生が恵美子先生と神想観をなさる時に、どういうふうにしてらっしゃるのか興味があります。思念のことばと言うよりも、例えば先生がいつも先導されてるとか、恵美子先生がたまにはなさるとか、基本的神想観を始めに必ずなさるとか、毎日順番に他の神想観もなさるとか、そういう事をお聞きしてみたいと常々思っていました。よ

ろしくお願いします。

清超　『生命の實相』の第八巻観行篇にありますね。朝思念を送るという事、この時間に合わせておやりになるとよろしいという事が書いてありますね。私も朝はだいたい四時五十八分(今は五十分)に目覚ましが鳴るようになっておりまして、小便をしてから歯を洗って、それから二階で寝ているから下へ下りて行って五時十分にはやりますね。家内は私よりも一足ぐらい遅く下りて来ますね。近くのトイレへ二人一遍に入れないのでそういう事になるのですが。

それで五時十分から五時四十分になるとまたラジオが鳴るんですよ。それまでいろいろ神想観をやりますね。家内がどういうことをやっているのか知りませんが、床の間の方を向いて祈ってますよ。僕はこっちから庭の方を向いて、家内は私の右からこっちを向いて。その逆にはならないね、どういうわけか知らないけども。それで彼女が何を祈っているのか、それは知らないですよ。私の場合は基本的神想観が主ですね。それを最初にやって神想観の基本的な呼吸を繰り返すでしょう？　そしてしばらくしてからだんだんといろんな事を、先ず生長の家の総裁として正しい判断ができ、愛深い行動ができますというような事を祈りましてね（拍手）。それから家族の素晴らしい姿を祈ったり、運動している理事の方々やら幹部の方々、本部員、本部講師、教化部長さん、その他相・白・青・講の方々の素晴らしい活躍を祈ってますよ。勿論天皇皇后両陛下への感謝と日本の実相顕現を祈り、それと地球の中の植物や森林が益々栄えることも祈って、それからゴミがあんまり出ないようになって、全ての人々の判断が正しくて、互いに愛深く調和し合ってというような事も祈ってね。それから電気・ガス・水道関係、そんな事も祈って、マスコミに感謝し、交通関係の安全も祈ってね。病気の事はあんまり祈らないが、ああ、医療機関も立派な働きをし、学校の先生方も素晴らしい政治、経済、行政、産業……まあ皆これをやると時間が足らなくなるから、途中いろいろ変わる事もありますがね。とにかく、世界中が幸せで調和しているというような事を祈って、そうしていると定刻にラジオが鳴り出すんですよ。そうするとそれからひげ剃り。その辺はもういいですかね。大体そういう事です。

K　どうもありがとうございました。

●恐怖心と妄想をなくし、神想観をしたい

M（男）長年の間、恐怖心と顚倒妄想《てんどうもうぞう》の為に神想観が出来ないんですが、それを去って神想観がきれいに出来るようになるにはどうしたらよろしいでしょうか。

清超 そうですか……

M 顚倒妄想と恐怖心の為に神想観をやるのが困難なんです。

清超 でもやっている事はやっているんですか？

M あまり……聖経だけ誦げています。

清超 聖経を誦げる、それは良い事ですよ。私はいつも六時半になると、聖経を誦げ参拝をする為に一緒の敷地にいる谷口雅宣さん一家がゾロゾロッと来ますから、一緒に聖経を誦げたりしていますがね。聖経を誦げるのも毎日やられるとよろしいね。聖経を誦げておられて神想観が出来ないという事はないはずですけれども。聖経の時には恐怖心は起こらないんですか？

M　家族の健康とかいろいろな事のマイナスの想念、いろんな悪い想念が邪魔をして、神想観がまともに出来ないんです。

清超　それは、出来ないという事はないんですよ。恐怖心が起こってきた場合、あるいは他の事を考えている、という事はその時すぐ気が付くでしょう？　そしたらそれらを神様に差し上げてしまう。神様よろしくお願いしますと神様に委ねるんです。自分で恐怖心とか妄想を処理しようとすると、それはちょっと難しい。これはつまらないものですがどうぞよろしくお願いしますと、光の前に闇を差し出すようなものですよね。そしたら光が当然闇を消してしまうという事になる。そうして妄想の恐怖心とか起こる場合には、それを次々に神様に差し出すような気持ちでやってごらんなさい。そしたら出来るようになります。

最初はそんなに長時間やらないでも良いからね。十分なら十分。雅春先生も最初は十分間でもというような事を書いておられる所もあるから、最初どうしても出来ないような心境の場合は十分間でも良いから、そこからやり出すのです。そして神想観していても聖経でも、読んでいると眠くなるという人がいますが、それはハッと目が覚めたら又やればいいんですよ。何でもないです。あまりその妄想的なものに捉えられて、それで全部をやめてしまわない事ですね。
先ほども話したでしょう？　『理想世界ジュニア版』（平成九年十二月号）で紹介した数学のフィールズ賞をもらった小平教授の場合の例でも、分からない所でもとにかく答えを書いた。書いたらそれがよくできていたという話があったね。良い事をやろうとしている場合、それをとめてしまって放棄するというのは、その進歩する行動の停止になりますから、いろいろ迷い心があってもかまわないからやる。で恐怖心が出てきたらそれを差し上げてしまう。

結構面白いですよ、へんなものを全部神様に差し上げてしまうのは。本来実在しない闇のようなものを神様が受け取って下さるという訳じゃないですけどね。神想観をしようがしまいが人間は神の子であることに間違いは無いんですから、悩みも苦労も死も本来無いんですからね。無い中で、あるというような幻想でいろいろ迷妄の人生を作っていきますが、大安心のもとでやられるという事に向かって、とにかく実行してご覧なさい、出来ますから。

●誌友の数にこだわってしまう

―（男）　誌友の数の事なんですが、『天使の言葉』には実相世界は全部「生長の家」だと書いてあります。そうすると数というのは、やはり功徳の方になるのではないかと私は思ったんです。もし功徳だとすると（『生命の實相』の）第十二巻に書いておられますけれども、功徳を摑《つか》むとだんだん瞼《まぶた》がふさがって見えなくなる、というような事が「礼拝三昧禅」（第五章）という項目に書かれておりましたので、誌友の数というのを摑《つか》むと、だんだん瞼がふさがって来るのかなという所まで分かったように思ったんです。

そうすると誌友の数という事にこだわらなくてもいいのかなと、今のところそう思っているんですが、総裁先生はどういう具合にお考えになっているのかお聞かせ下さい。よろしくお願いします。

清超　あなたは相愛会長か何かで活躍しておられるんですか？

―　大変申し訳ないんですが、誌友の数というのにどうもこだわっていて活躍はしていませんが、子供達には『生命の實相』に書かれている事をその時々に話すようにしております。

清超 そうですか。

― お蔭様で茶色の髪にもならず、ごくごく普通の子供達でいてくれますので、それはやはり功徳かなと思います。

清超 そうですか、なるほどね。この世では数というのはどこにでもあるんですね。蜜柑《みかん》を食べる時でも、一つ食べるか、二つ食べるか、半分にして食べるかと、全てについているんですね。だから誌友さんにもついているわけで、一人誌友さんができたとか、二人誌友さんができたとかね。ご飯を食べる時もそうでしょう? 何杯食べるか、と。数にこだわりませんと言ったって、やっぱり一杯食べるか、二杯食べるか、と考える。僕はご飯をもうちょっと欲しいという時には「もう三十五グラム下さい」とか言って出す。よそう方の人は困っちゃって、この頃は目方を計ってくれるようになってね。この頃は、茶碗と中味の目方が計れるような、いい機械があるね。入れ物の目方を引いた目方が出てくる。だから三十六グラムだろうが三十七グラムだろうが、ちゃんと計ってくれる。あれはいいですよ、近代文明の恩恵に浴してるわけです。

そういうわけで、どうしたって数というのは無視するというわけにはいかないね、日常生活の中で。だから空き缶を拾う時でも、最初は一つ拾うんです。そしてまた次にできたら「これは二つ目だな」といって二つ目ができる。数に引っかかって何個拾わなきゃいけないとか、何個以上拾わないと罰が当たるという事もないですから、とにかく機会が一つでもあれば拾いますね。それを毎日やっていると、自然に空き缶でも何かこう親しくなってくるね。そこで空き缶が転がっていると「ああ、懐かしいな」という気がして、つい手が出てしまう……というふうになって楽しいですよ。

誌友さんに伝える場合でも、それは楽しいものですよ。だから数にこだわらないで、そういうふうに一人でも二人でも機会あるごとにそれをおやりになるといいね。空き缶を拾うなんて最初はちょっとはずかしいね。背広を着てネクタイして空き缶を拾うなんて。かえってたすきを掛けたら楽なんですよ（笑）。たすきを掛けたり、はちまきをつけたりして、クズを拾うのは割合やさしいんです。たくさんの人と一緒にやると、なおのことやさしいね。みんなやっているから、自分だけじゃない。だから背広を着て、鞄を提げて通勤しながら空き缶を拾うのは、ちょっと格好が悪いような気がするけど、やってみると面白いですよ。皆さんおやりになってみて下さい。

誌友をつくるのが嫌いな人は先ず空き缶から。とにかく数というのは人生には付いて回っているのですからね。それに引っかからない事はいいです。引っかからない事がいいが、どんどん増やしていくという事は楽しいものであるという事を知っておいて、やって下さい。

― 半分くらいは分かりましたが、又これからいろいろと先生のご本も読ませて頂いて、一所懸命やらせて頂きます。ありがとうございました。

明るく楽しく生きましょう

人生問答集4〈完〉

索引（質問事項項目別一覧）

【病気】

【家庭・家族】

【信仰・祈りについて】

【宗教一般】

【教義】

索引（回答事項項目別一覧）

【病気】

【家庭・家族】

【生活】

【教義】

明《あか》るく楽《たの》しく生《い》きましょう
人生問答集《じんせいもんどうしゅう》4

平成一三年七月一五日　初版発行

著　者　谷口清超（たにぐち　せいちょう）

発行者　岸　重人
発行所　株式会社　日本教文社
東京都港区赤坂九―六―四四　〒一〇七―八六七四
電話　〇三（三四〇一）九一一一（代表）
〇三（三四〇一）九一一四（編集）
ＦＡＸ〇三（三四〇一）九一一八（編集）
〇三（三四〇一）九一三九（営業）
頒布所　財団法人　世界聖典普及協会
東京都港区赤坂九―六―三三　〒一〇七―八六九一
振替　〇〇一一〇―七―一二〇五四九

組版　レディバード
印刷所
製本所　光明社

ISBN4－531－05219－6　**Printed in Japan**